Collection

E. BLOT

IMPRIMERIE E. CAPIOMONT ET Cie

PARIS

57, RUE DE SEINE, 57

CATALOGUE
DE TABLEAUX
Aquarelles, Pastels et Dessins

PAR

ALBERT (GUSTAVE), ANQUETIN, BERCHÈRE
BOUDIN, BOTTINI, BONNARD, CAILLEBOTTE, CALS, CARRIERE
CÉZANNE, CHAUDET, CHUDANT, COLIN (GUSTAVE), CHÉRET, CONDER
COROT, COTTET, DAUMIER, DEGAS, DELACROIX, DENIS (MAURICE), DESBOUTIN
DUMOULIN (LOUIS), ELIOT, D'ESPAGNAT, FANTIN-LATOUR, FORAIN, GAUGUIN, GIRAN-MAX
GUILLAUMIN, GUILLOUX, HELLEU, IBELS, ISABEY, JACQUET, JONGKIND, LANÇON, LEBOURG
LEHEUTRE, LÉPINE, LOISEAU, LUCE, MANCINI, MANET (ÉDOUARD), MAUFRA, MONET
(CLAUDE), MORET (H.), MORISOT (BERTHE), OSBERT, PETITJEAN (HIPPOLYTE)
PISSARRO (C.), QUOST, RENOIR, RENOUARD, RIBOT, ROUSSEL, SISLEY
TOULOUSE-LAUTREC, VAN GOGH (VINCENT), VIGNON, VOGLER
VUILLARD, WILLETTE, ZANDOMENEGHI

Composant la Collection de

M. E. BLOT

ET DONT LA VENTE AURA LIEU A PARIS

HOTEL DROUOT, Salles n°s 9 et 10

Les Mercredi 9 et Jeudi 10 Mai 1900, à deux heures

COMMISSAIRE-PRISEUR	EXPERTS
Me PAUL CHEVALLIER	**MM. BERNHEIM JEUNE & FILS**
10, Rue Grange-Batelière, 10	**8, Rue Laffitte, 36, Avenue de l'Opéra**

EXPOSITIONS (Salles n°s 9, 10 et 11)

Particulière : Le Lundi 7 Mai 1900, de 1 h. 1/2 à 5 h. 1/2
Publique : Le Mardi 8 Mai, de 1 h. 1/2 à 5 h. 1/2

Entrée particulière : **Rue Grange-Batelière**

CONDITIONS DE LA VENTE

La vente se fera au comptant.

Les Acquéreurs paieront *cinq pour cent* en sus des adjudications.

PRÉFACE

Un amateur avec lequel je suis en relations d'amitié, avec qui j'ai, depuis plusieurs années déjà, plaisir à causer et à disputer, M. Eugène Blot, vient de me faire connaître la décision qu'il a prise de se séparer des œuvres qu'il a réunies. Il me demande si je veux, dans cette circonstance, continuer, par une préface de catalogue, la bataille livrée depuis tantôt vingt années dans la presse. J'accepte bien volontiers. Le temps écoulé n'a pas modifié mon goût pour un groupe de peintres dont on a nié le talent, bafoué l'effort, malgré tant d'admirables preuves de juste vision, de clair génie, d'exquise sensibilité. Bien au contraire, mon admiration a grandi pour ces méconnus d'hier, et jamais je ne dirai assez ma gratitude pour la joie d'art qu'ils m'ont donnée, pour l'enseignement qu'ils m'ont prodigué. Grâce à eux, nous avons mieux compris la beauté des choses, nous avons mieux pénétré la grandeur des spectacles de la nature éternelle et changeante, nous avons mieux aimé la vie qui s'offre à notre possession d'un instant. J'apporte donc à ces artistes mon témoignage de passant ému et reconnaissant.

Certains d'entre eux triomphent aujourd'hui. Ils ont forcé les portes des musées, des galeries, chez nous et au dehors. Ils s'ajoutent, tout naturellement, par la force lente et sûre des choses, à l'histoire de l'art. Ils prennent place à la suite de leurs prédécesseurs de tous les temps, de toutes les écoles, de Rubens à Watteau, de Turner à Delacroix, de Poussin à Corot. La force de la tradition se manifeste en eux aussi vivement que le charme frais de la nouveauté.

On a essayé jadis de les représenter comme des barbares apportant le désordre, le gâchis, l'ébauche, en face de la méthode, de la pondération, du fini. On revient aujourd'hui, tout au moins pour les disparus, de cette opinion intéressée, on brise les verdicts du parti pris et de l'ignorance.

Lorsque les toiles autrefois accueillies par des cris d'horreur réapparaissent, c'est une stupéfaction, pour les adversaires d'hier, de les trouver si sages. L'œuvre de Manet, si solide, apparaît éclairée par la lumière de la raison. Jongkind est un savant virtuose. Boudin est délicieux de fine vérité. Sisley charme par la grâce la plus vive. Où sont les barbouillages ? Où sont les ébauches ? C'est la nature même, non pas détaillée et durcie, mais vue dans son ensemble, telle qu'elle se déploie devant nos yeux avec ses ciels, ses eaux, ses feuillages, ses silhouettes humaines, ses visages rencontrés.

Il faut bien reconnaître qu'il en est ainsi. Les uns cèdent de bonne grâce. Les autres font toutes les restrictions de la mauvaise humeur. Un peu de temps encore, une période sera close, les œuvres de l'impressionnisme auront perdu leur étiquette de guerre. Le dernier combat se livre en ce moment, et il se livre de la bonne manière : Claude Monet, Pissarro, Renoir, Cézanne, pour nommer d'abord les anciens, ceux qui, les premiers, firent scandale, continuent leur œuvre avec une activité admirable, une ardeur de jeunesse singulière. Leurs découvertes nouvelles seront discutées demain, au nom de leurs anciennes découvertes maintenant admises. De même, les artistes qui viennent, et ceux qui viendront, auront à subir des jugements et des condamnations qui prendront leur apparence d'autorité dans les œuvres hier maltraitées. C'est dans l'ordre, cela c'est toujours passé ainsi.

On trouvera un résumé de cette histoire de l'art de notre temps dans la collection de M. Eugène Blot. Les traits, les formes, les couleurs de Delacroix, de Daumier, de Corot, ont leur signification habituelle. Les ciels de Boudin sont profonds et légers, avec leurs nuages flottants, au-dessus des flots pressés, des barques inclinées, des pêcheuses aux blanches coiffes. Les rues de Jongkind, leurs maisons, leur neige, leurs boutiques, leurs passants, nous émerveillent de la touche robuste et délicate à la fois qui fait tout vivre. Lépine découvre les tons de rose et de perle des doux matins. Manet fait onduler les drapeaux de la rue ensoleillée. Berthe Morisot peint la lumière qui tremble sur les verdures. Sisley nous mène au bord de la rivière, au printemps, à l'automne, nous dit la beauté du tournant d'eau, des feuilles nouvelles, des maisons pâles.

Ce sont les disparus. Leurs continuateurs, leurs compagnons sont présents aussi. De Monet, la mer puissante, rythmique, brise ses premières vagues sur le sable du rivage; le canal de Hollande dort dans le paysage de pierre des quais et des maisons; la débâcle charrie sa désolation dans la froide étendue; une femme vient vers nous, vivante, de l'ombre d'une allée. De Pissarro, un jardin rayonne de tous les feux de l'été; un pont se perd dans le brouillard léger. De Cézanne, un pignon de maison se dresse au-dessus d'un abîme avec les pierres d'une terrasse, le gazon d'une plate-bande, des arbres; des fleurs, des fruits, s'épanouissent, d'une forme, d'un éclat surprenants; des toits bruns s'étagent, par-dessus lesquels on aperçoit la mer. De Renoir, un visage de dormeuse; un corps de fillette; un déjeuner; une prairie, avec des personnages; tout cela animé d'une vie nerveuse particulière, d'une fièvre de bonheur. De Degas, une figure robuste, sereine, de mouvement sûr et souple. De Guillaumin, des parcs; des coteaux; des rivières; des verdures d'automne; le bleuissement de la gelée blanche; l'assaut des vagues contre des rochers terribles; une figure rose; une marmite noire qui va devenir célèbre dans l'histoire de la nature morte. De Gauguin, des maisons; un chemin où erre une vache, d'une rare impression de solitude. De Lebourg, un pont et un village en Auvergne; un canal en Hollande; un moulin; des nuages flottants, des nuances affinées. De Fantin-Latour, une harmonie de chairs et de verdure. De Carrière, un de ses beaux premiers tableaux, un enfant avec un chien, une peinture nacrée et transparente.

Et puis, une seconde phalange qui s'avance, des nouveaux, des artistes qui cherchent et qui trouvent: ce dessinateur de grand style, Toulouse-Lautrec; ces voyants subtils des harmonies riches et sourdes, Vuillard, Bonnard, Roussel; ce précis et coloré Luce... Je ne puis que nommer ceux qui sont rassemblés ici : Maurice Denis, Maurin, Maufra, Seyssaud, Petitjean, Ibels, Dethomas, Dumont, Eliot, d'Espagnat, Leheutre, Conder. Et encore, Chéret, Anquetin, Helleu, qui sont des artistes en possession d'une renommée.

C'est dire le caractère de cette réunion. Chaque pièce indique une préférence, prend place dans le musée intime que peut être un appartement moderne. Partout où ils seront, ces tableaux parleront à celui qui les interrogera ce langage si discret, si pénétrant, de la peinture. Le paysage, la figure, les fleurs, les fruits, tous les objets montrés par le peintre qui a su tout d'abord les voir, nous deviennent, sur nos murailles, des interlocuteurs de tous les instants. Par l'œuvre d'un artiste, nous recevons la confidence de son émotion devant la vie, il nous dit son trouble, sa passion, sa souffrance, sa joie. La peinture est un art de révélation qu'il faut déchiffrer. Ne l'accusez pas de banalité parce que le nombre des œuvres peintes gagne sans cesse. Dans ce nombre, les pages complètes sont aussi rares qu'autrefois. Vous les distinguerez à leur unité, à leur plein, à leur harmonie. Elles ont toutes en elles la force secrète qui fait naître et qui soutient l'expression. Sans cette force, l'expression n'est qu'anecdote, et la belle peinture, par une grâce d'état, est toujours expressive. Comment pourrait-il en être autrement, comment le peintre qui sait peindre ne prendrait-il pas à la vie qu'il interroge si anxieusement un peu de sa signification émouvante. Il en est ainsi, et les grands artistes auxquels j'apporte un nouveau tribut d'admiration me conquièrent, parce qu'ils sont, en même temps que des peintres, — des poètes.

GUSTAVE GEFFROY.

TABLEAUX

TABLEAUX

ALBERT

(GUSTAVE)

1 — *Matinée d'hiver.*

Signé à gauche, en bas : *Albert, 94.*

Toile. — Haut.: 55 cent.; larg.: 46 cent.

ALBERT

(J.)

2 — *Soleil couchant.*

Signé à droite, en bas : *A mon ami Portier, J. Albert.*

Panneau. — Haut.: 22 cent.; larg.: 32 cent.

ANQUETIN

3 — *Le Chien.*

Signé à droite, en bas : *Anquetin.*

Panneau. — Haut.: 14 cent.; larg.: 32 cent.

BELLANGER
(GEORGES)

4 — *Port.*

Signé à droite, en bas : *Georges Bellanger.*

Panneau. — Haut. : 21 cent. ; larg. : 14 cent. 1/2.

BERCHÈRE
(N.)

5 — *Le Port.*

Signé à gauche, en bas : *Vente N. Berchère.*

Toile. — Haut. : 23 cent. ; larg. : 31 cent.

BONNARD

6 — *En Famille.*

Bébé traîne, à droite, son petit lapin à roulettes. Il sait se conduire tout seul dans la vie. Ce n'est pas comme son jeune frère qui ne peut quitter les genoux de sa mère.

Quant à l'aîné qui a de beaux cheveux bouclés, il profite de ce que sa tante, toute de noir vêtue, l'aime bien, pour lui jouer à tout propos des tours. En ce moment, il se cache derrière le canapé.

Ces deux frères-là ne sont point les meilleurs amis de Bébé. Il sait trop bien que rien n'égale en fidélité le petit lapin à roulettes.

Panneau. — Haut. : 31 cent. ; larg. : 26 cent.

Eugène Boudin

“Une expérience suffit pour juger la valeur de l'œuvre de Boudin. Accrochez dans n'importe quelle galerie, à côté de n'importe quel maître, un tableau ou un simple tableautin de lui, toujours il tiendra sa place et ne perdra rien de ses qualités de finesse, de transparence, de bonne grâce.

Ainsi certains hommes d'allure modeste et discrète, qu'aucun fracas ne signale, se trouvent-ils parfaitement à l'aise au milieu des plus brillants causeurs et des penseurs les plus profonds. Ils parlent seulement quand il faut et disent juste le mot qu'il convenait de dire. Ils conservent leur rang et inspirent chaque jour plus d'estime, de sympathie et parfois même d'admiration.

Eugène Boudin fut et demeurera dans l'histoire de notre art un de ces hommes qui ont en partage l'esprit, le tact et l'à-propos. Jamais une peinture de lui n'est déplacée : elle réduit finement au silence les tapageurs et demeure précieuse à côté des forts.

Avec ce maître, la déception n'est point à redouter, pas plus qu'avec la nature elle-même, qu'il aima si vraiment et rendit avec tant de fins bonheurs. Vous aurez, dans vingt ans, comme aujourd'hui, le même plaisir à regarder la bonne mer salée et le vaste ciel plein d'air, qui forme avec elle une multiple et éternelle harmonie. Vous suivrez de l'œil, avec le même intérêt, le mouvement si juste et si vrai des barques et des vaisseaux, le papillotement des petits bonshommes sur les marchés et les plages, des petites maisons alignées le long des ports ou grimpées sur les falaises. Tant de lumineuse vivacité, de gaieté sobre, de sentiment de la vie, assurent le prix à ces travaux dans l'avenir, comme pour les « petits Hollandais » dont Boudin descend en droite ligne, ou pour une sorte de Constable français. "

ARSÈNE ALEXANDRE.

Un Mot de Baudelaire

" CES études, si rapidement et si fidèlement croquées, d'après ce qu'il y a de plus inconstant, de plus insaisissable dans sa forme et dans sa couleur, d'après des vagues et des nuages, portent toujours, écrits en marge, la date, l'heure et le vent; ainsi, par exemple : « 8 octobre, midi, vent du nord-ouest. »

La légende cachée avec la main, vous devineriez la saison, l'heure et le vent. Je n'exagère rien. J'ai vu. A la fin, tous ces nuages aux formes fantastiques et lumineuses, ces ténèbres chaotiques, ces immensités vertes et roses, suspendues et ajoutées les unes aux autres, ces fournaises béantes, ces firmaments de satin noir ou violet, fripé, roulé ou déchiré, ces horizons en deuil ou ruisselants de métal fondu, toutes ces profondeurs, toutes ces splendeurs me montèrent au cerveau comme une boisson capiteuse. "

CHARLES BAUDELAIRE. — 1859.

BOUDIN
(EUGÈNE)

7 — *Les Pêcheuses.*

La mer, comme un velours lissé, est à peine ridée par les barques où des figures blanches et rouges sont assises.

A droite, un bateau à trois voiles. Sur la grève pâle, portant les filets et le panier aux poissons, une femme debout, près d'un groupe de femmes assises, en coiffes éclatantes, toutes blanches au soleil.

En avant, le tas des sabots.

Signé à gauche, en bas : *E. Boudin.*

Toile. — Haut.: 40 cent.; larg.: 26 cent. 1/2.

BOUDIN
(EUGÈNE)

8 — *Bateau échoué.*

Il est couché sur son flanc gauche et sa voile pend encore au grand mât. Entre les ailes de la jetée, le flot s'est retiré. A peine reste-t-il un peu d'eau dans les sables. Au large, des voiles blanches : une barque qui rentre.

Un joli ciel où du gros coton moutonne sur de la fine soie.

Signé à gauche, en bas : *A mon ami Leroy. Souvenirs affectueux : E. Boudin.*

Panneau. — Haut.: 35 cent.; larg.: 27 cent.

BOUDIN
(EUGÈNE)

9 — *Entrée du port de Trouville.*

Signé à droite, en bas : *E. Boudin.*

Panneau. — Haut. : 27 cent. ; larg. : 21 cent.

BOUDIN
(EUGÈNE)

10 — *Marine.*

Signé à gauche, en bas : *E. Boudin.*

Panneau. — Haut : 18 cent. ; larg. : 22 cent. 1/2.

CAILLEBOTTE
(G.)

11 — *L'Allée des Marronniers.*

Tout le monde est d'accord à trouver qu'il y a longtemps qu'on ne vit pareille chaleur. Le ciel, d'un bleu lourd, s'étend au-dessus des marronniers à la file, fleuris de blanc. Sous leur ombre, une foule se promène jusqu'au delà l'auvent rouge.

Une charrette oubliée sur la route. Des oriflammes, là-bas, à gauche, par-dessus les arbres.

C'est un bel après-midi de fête.

Signé à gauche, en bas : *G. Caillebotte, 1882.*

Toile. — Haut. : 65 cent. ; larg. : 81 cent.

CALS
(ADOLPHE-FÉLIX)

12 — *Buste de jeune femme de profil.*

La main gauche soutient le sein. Le profil, de lignes douces, se silhouette sur une draperie rouge à droite.

Sur l'épaule nue, un glacis de lumière.

D'autres glacis dans l'onde noire des cheveux.

Signé à gauche, en bas : *Cals.*

Panneau. — Haut.: 24 cent. 1/2; larg.: 19 cent.

CALS
(ADOLPHE-FÉLIX)

13 — *Le Hangar.*

Signé à gauche, en bas : *5 Mars 1851, Cals.*

Toile. — Haut.: 14 cent.; larg.: 21 cent. 1/2.

CALS
(ADOLPHE-FÉLIX)

14 — *Soleil couchant sur une rivière.*

Signé à droite, en bas : *13 Juillet 1850.*

Toile. — Haut.: 12 cent.; larg.: 17 cent.

Eugène Carrière

"L'œuvre est d'un philosophe, d'un poète autant que d'un peintre : la douceur de vivre et d'aimer l'a inspirée ; tout y est issu d'une fraternité d'âme.

Cependant l'émotion du cœur n'entrave pas l'action du cerveau : La tendre pitié s'accompagne chez l'artiste de pénétration aiguë. Tel spectacle, de pauvre intérêt, semble-t-il, prend une fière signification pour lui qui sait percer le voile des apparences. L'Écriture offre à tout instant de ces exemples : et auprès de nous, Michelet, Ibsen, Mæterlinck ne trouvèrent-ils pas, dans les plus simples, les plus humbles événements, la matière d'édifiantes leçons ? Eugène Carrière s'apparente à ces grands esprits et ceux-là seuls le méconnaissent qui dénient à la peinture toute portée suggestive ou dont l'âme trop vulgaire se refuse à la méditation des au-delà.

Pour s'exprimer, Carrière use du dessin, de la couleur, du modelage parfois ; d'après ses écrits, il n'eut pas assoupli moins victorieusement la forme littéraire à la règle de son génie contemplatif, sentimental, volontaire — lequel ne dément en rien l'origine alsacienne : c'est le génie d'un réaliste visionnaire épiant en lui-même le réfléchissement de sa vie extérieure.

Étudiant, sa dévotion est allée à deux maîtres d'autrefois, entre tous véristes et intellectuels : La Tour et Velazquez le révélèrent à lui-même, et malgré les registres de l'École des Beaux-Arts, il s'est bien plutôt prouvé leur élève que le disciple de Cabanel. La contemplation des masques de La Tour, à Saint-Quentin, devait fortifier chez lui le goût des belles constructions sculpturales, et aiguiser le sens de la divination psychologique, si précieux au portraitiste. Sans aller en Espagne, ni soupçonner les *Menines*, il suffit à Carrière des ouvrages rencontrés à Paris, à Londres pour reconnaître en Velazquez un maître; ils se rattachent bien l'un à l'autre par une noblesse qui atteint spontanément au style et par le recours à l'équivalence morale de l'harmonie et du clair-obscur.

Vous ne constaterez pas chez le peintre les doutes habituels aux débutants; ses aspirations se dégagent sans délai et se formulent sans ambage; il a tôt fait de délaisser l'École, le Prix de Rome; l'humanité l'intéresse, et ce sont des effigies d'amis qui constituent, de 1876 à 1879, ses premiers envois aux expositions; bientôt il s'isole, fonde une famille et ne puise plus qu'au foyer l'inspiration de son œuvre. Autour de lui, il observe, il voit; il voit sa vie se continuer en d'autres êtres; il se sent revivre en d'autres existences; il s'enthousiasme pour cette renaissance et cet épanouissement; il surprend les beaux gestes qui redoutent et protègent, qui caressent et étreignent; il guette l'éveil de l'instinct et le progrès de la volonté; il lit le livre de la nature avec des yeux nouveaux, et, mettant à contribution son cœur et sa raison, il découvre la pathétique grandeur de la maternité, il songe l'âme mystérieuse de l'enfance. "

Roger Marx.

"Je vois les autres hommes en moi et je me retrouve en eux."

Eugène Carrière.

Qu'est-il donc de plus beau que le foyer, de plus réconfortant que la belle action d'être pilote d'une nef d'amour, amour de l'époux pour l'épouse, du fils pour le père, des petits-enfants pour les très vieux parents ? Quel devoir plus pur que de veiller à la proue et de conduire l'esquif au port ? Et quel plus bel emploi de volonté que ce geste fort de ramer toujours en évitant l'écueil et de conduire vers des destinées heureuses toute une petite famille qui chante, confiante, sur les flots perfides ? »

Pascal Forthuny : *La Crise*. — (A paraître).

CARRIÈRE
(EUGÈNE)

15 — *L'Enfant au chien.*

Avec des allures de Velazquez, l'enfant, encollerетté de mousseline blanche, mantelé de soie jolie, retient près de sa poitrine le griffon éveillé.

Les yeux du bambin se détachent comme des perles noires sur la cire un peu souffreteuse — mais si charmante — du visage.

Signé à gauche, en bas : *Eugène Carrière, 1885.*

Toile. — Haut.: 61 cent.; larg.: 46 cent.

CARRIÈRE
(EUGÈNE)

16 — *Maternité.*

Dans la paix silencieuse du foyer, la mère s'est assise.

Et tandis que coulent les heures, elle songe au passé, à l'avenir, entre les roses qui sur la table se fanent et le souffle rythmé de son enfant qui dort.

Signé à gauche, en bas : *Eug. Carrière.*

Toile. — Haut.: 32 cent.; larg.: 28 cent.

CARRIÈRE
(EUGÈNE)

17 — *Portrait d'enfant.*

La figure ronde d'un bébé dans la double retombée des cheveux blonds cendrés. Deux yeux, perles vives; la bouche toute petite. Évidemment, Bébé songe à quelque chose...

Mais à quoi ?

Toile. — Haut.: 41 cent.; larg.: 32 cent. 1/2.

Paul Cézanne

“Ce peintre énigmatique, solitaire, nomade, si superbement instinctif, apparaît un peu aux hommes de notre âge comme un personnage de légende.

Car on ne l'a jamais vu. Il erre à travers les campagnes de France. Il rôde, regarde, flaire, promène sa sensibilité parmi les féeries toujours si imprévues de la nature, devant les radieux prestiges du ciel. A-t-il reçu d'un paysage une émotion très vive, ou bien une fantaisie soudain le domine-t-elle? Il s'installe, s'attaque au petit coin ou au grand espace dont la beauté l'a séduit.

C'est tantôt à l'orée d'un bois, en pleine neige, tantôt dans une vallée riche des verdures épaisses et des feuillages touffus de l'été, souvent aussi dans un village dont il peint les toits roux et dorés parmi les panaches des arbres, et les paysans, au dos rond, attablés à l'auberge.

Pérégrinations insoupçonnées. On n'apprend que beaucoup plus tard ces tournées et ces rages heureuses de travail, lorsque, chez quelque marchand qui a pu conquérir — par quels sortilèges? — deux ou trois toiles de Cézanne, on découvre des motifs nouveaux.

De quelle région? De quel climat? Préciser est souvent fort

difficile. Car Cézanne ne recherche pas des aspects très révélateurs de leur situation géographique. Pourvu qu'il ait de l'herbe, des feuilles, du ciel, quelques toitures, avec quoi il puisse réaliser de simples et douces harmonies, cela lui suffit. On ignore aussi de quels vergers sortent les beaux fruits sains, éclatants, lourds, que l'artiste étale à plaisir sur de blanches nappes froissées. Et comme presque toujours les rares œuvres récentes nous sont montrées parmi des tableaux très anciens, repêchés au hasard des fouilles, le mystère de cette vie d'artiste, au lieu de s'élucider, se complique.

L'homme? On ne le connaît pas. Ses amis de jeunesse n'ont plus de renseignements sur lui que par ouï-dire. Il en est qui ne l'ont pas vu depuis trente ans. Un jour, après dix années d'éloignement, il rejoint quelque camarade.

On travaille deux ou trois mois côte à côte. Puis il s'en va, laissant le souvenir d'un sauvage fantasque et passionné et d'un admirable peintre. Il y a quatre ou cinq ans, on le sut à Paris. Il revint à une affection très ancienne. Les deux ou trois privilégiés qui connurent son gîte durent promettre de ne point le révéler. Puis, à nouveau, Cézanne disparut.

Malgré cette brève réapparition, la vie de Cézanne reste fort imprécise. On sait qu'il naquit à Aix-en-Provence, vers le même temps que M. Émile Zola, qu'ils y furent amis d'enfance et de jeunesse, qu'ils vinrent à Paris presque ensemble avec le même amour de la vie et un égal désir d'en exprimer la beauté, selon les ressources de leur art. Les mieux informés se rappellent encore que M. Émile Zola dédia à Cézanne, en une phrase fervente, sa brochure de 1866, fameuse et aujourd'hui introuvable, ayant pour titre *Mon Salon*. En outre, des indiscrétions littéraires nous ont laissé entendre que, dans son roman *L'Œuvre*, M. Émile Zola aurait prêté à l'un de ses principaux personnages des traits moraux et des idées artistiques de Cézanne. Mais si le romancier a utilisé cette physionomie très marquante, bien sûr il l'a, en grand créateur d'êtres qu'il est, enrichie de maintes notations prises ailleurs, et complété comme toujours par le travail de la reconstitution imaginaire.

Dans les premières années de son séjour à Paris, soit de 1860 à 1870, Cézanne, jeune, ardent, se mêla au groupe, désormais historique, des hardis novateurs que, plus tard, un plaisantin crut ridiculiser en les appelant « impressionnistes ». Paul Cézanne fut assidu aux causeries fraternelles du café Guerbois, à présent disparu, où Manet, Sisley, MM. Claude Monet, Camille Pissarro, Renoir, s'encourageaient à leur art de vie et de vérité, par des paroles d'espoir. M. Émile Zola, qui avait la même foi dans la beauté simple de la nature et de l'humanité, les soutenait de son effort parallèle. Et M. Théodore Duret, en attendant d'écrire son histoire si clairvoyante et si neuve, précisait, en ses belles critiques d'avant-garde, le sens de leurs recherches.

Ces fins artistes n'étaient pas des théoriciens prétentieux. Ils échangeaient simplement entre eux les réflexions que l'œuvre des maîtres leur inspirait, et cherchaient à découvrir, dans les toiles de Rubens, de Claude Lorrain, de Watteau, de Turner, de Delacroix, de Bonington, la confirmation de ce que leur instinct de peintre leur révélait. Ils se passionnaient pour la beauté simple et vraie de la nature, interprétée dans la magie changeante de ses atmosphères, par des procédés libres permettant d'en rendre la lumière et la couleur exactes. Ils passaient tout le jour au joyeux labeur, et, le soir, confrontaient devant la chope du Guerbois familier, leurs idées et leurs trouvailles.

Je ne sais si Paul Cézanne était un causeur ingénieux ou peu inventif, paradoxal ou logique, mais son œuvre d'alors, si originale, si différente de celle de ses compagnons (qui, d'ailleurs, n'avaient d'autre lien que leur commun amour de la vérité), nous permet de supposer que sa causerie n'était pas la moins riche en aperçus nouveaux. Ce que nous savons, c'est qu'il travaillait avec l'incessante application de tous ceux qui aiment leur art et s'y vouent par plaisir. Il prit part avec ses amis aux expositions, si tumultueuses et si moquées, des Impressionnistes.

Il eut, lui aussi, l'honneur d'exciter la verve des boulevardiers et des nigauds facétieux de la critique. Puis, en 1874, il disparut.

Dès lors, et jusqu'en 1894, on ne verra plus que par hasard et en de rares maisons amies des toiles de Cézanne. C'est alors que les nouveaux venus dans l'art et la littérature ne peuvent plus le connaître que par des récits de camarades. Anecdotes qui excitent la curiosité pour le mystérieux errant. On sait qu'il y a un paysage de lui chez M. Zola, un tableau de fruits chez M. Paul Alexis, une étude chez M. Duret et chez M. Huysmans. On apprend que, de loin en loin, passe un tableau dans la boutique du brave père Tanguy, rue Clauzel, à Montmartre. On y va en pèlerinage. Et l'on a le plaisir de constater que la légende n'a pas exagéré le talent de Cézanne et qu'il est un fort bon peintre.

Alors aucun critique ne parlait de lui. En 1888 seulement, un très modeste journal littéraire, jeunet mais vaillant, la *Cravache*, eut le grand honneur de publier un article de M. J.-K. Huysmans, sur cet étrange artiste qui s'était de lui-même réfugié dans l'oubli. Puis nous eûmes personnellement l'occasion d'examiner l'œuvre et l'influence de Cézanne dans l'*Art impressionniste* (1892), et dans une conférence faite la même année au cercle des XX à Bruxelles. M. Roger Marx précisa le caractère de son talent en ses articles si documentés du *Voltaire*. Et M. Gustave Geffroy, après lui avoir consacré, à diverses dates, d'éloquentes chroniques à la *Justice*, publia, en 1894, dans l'un des volumes de sa *Vie artistique*, une complète et pénétrante étude d'ensemble. C'est à peu près le moment où Paul Cézanne ressurgit de l'ombre, vint à Paris, et où les marchands purent assez aisément s'achalander de peintures à l'huile et d'aquarelles.

Maintenant, l'œuvre de Cézanne est notoire et fort recherchée. Avertis, les collectionneurs se disputent ses toiles. On en trouve dans les galeries les plus fastueuses. Les marchands, naguère bien dédaigneux, les emmagasinent. On en fait des expositions fréquentes. Les reporters d'art ne les ignorent plus. C'est le grand succès. Et Cézanne, insoucieux de toutes les fanfares glorieuses, continue à se donner le bonheur de peindre dans les sites qu'il aime. Mais à présent qu'il connaît la dilection dont il est l'objet, il s'est sans doute guéri de sa négligence d'autrefois, qui lui faisait laisser, dans les forêts, des tableaux inachevés. La légende dit, en effet — ce qui complète la physionomie de cet artiste fougueux et désintéressé — que les siens durent se mettre en quête de toiles ainsi abandonnées contre un tronc moussu, parmi la dentelle émeraude des fougères. Joli exemple d'un homme qui ne travaille que pour la belle joie de peindre et, son plaisir obtenu, ne se préoccupe plus du résultat.

Caractère étrange, que la superbe eau-forte de M. Camille Pissarro nous aide à comprendre. Dans la broussaille un peu sauvage de la figure, un grand nez volontaire et passionné pointe. Sous la barbe, on devine la forte mâchoire serrée. L'œil, aigu et doux à la fois, regarde avec une calme énergie. La casquette de campagnard bien enfoncée sur la tête, le large manteau de roulier, disent la vie solitaire, fruste, en pleine nature. Assurément, les paysages ne doivent pas être perçus d'une manière superficielle par ce regard pénétrant, ni se refléter en images banales dans ce cerveau de méditatif et d'observateur.

En effet, toute l'œuvre de Cézanne est l'affirmation du talent le plus original. Ce sauvage est un merveilleux instinctif.

J'ignore si, à l'école primaire ou au collège d'Aix, un professeur lui donna quelque vague sentiment des lignes. Mais on peut tout de même affirmer que nul maître ne lui apprit à dessiner et à peindre.

Il a peint comme il marche, comme il mange, parce que son

tempérament l'a poussé vers la reproduction plastique des objets. Il a senti les grâces et les joies éclatantes de la nature. Son bel œil profond a perçu des accords de lignes et de couleurs. Il a éprouvé le besoin de les fixer sur la toile. Sans enseignement ni formules, il s'est acharné dans cet effort. Et peu à peu, comme il était doué, il a trouvé des moyens très personnels de rendre sa vision délicate, subtile et grave. Incapable d'imitation, il ne rappelle aucun maître antérieur. Il est strictement lui-même.

Nécessairement, comme tout instinctif qui crée de sa propre substance, il eut au début bien des gaucheries et des naïvetés. Parfois, ses compositions manquent d'équilibre. La chair de ses femmes nues a des lourdeurs et des renflements qui les déforment. Les assiettes semblent devoir chavirer et les fruits éclatants s'épandre sur le sol en grêle radieuse. Mais ces gaucheries mêmes ont leur saveur. Elles achèvent de prouver la belle sincérité du peintre.

Et puis, qu'importe? Malgré de telles outrances, ces nudités ont bien la mollesse grasse des corps de femmes, et si les compotiers ne sont pas d'aplomb sur le linge blanc, les pommes sont fraîches comme des joues de jeunes paysannes, comme les matinées de soleil qui les ont mûries.

Certaines de ces maladresses, Cézanne les a gardées. Il n'est pas égal. Il peint selon son humeur. N'y a-t-il pas des jours où l'homme des champs, lui aussi, bêche et marche moins gaillardement?

Comme Cézanne n'a pas la ressource de pouvoir suppléer par la science à l'heureuse disposition, lorsqu'il n'est pas en train, les impérities s'accentuent. C'est à ces moments-là surtout que les figures risquent fort de n'être pas d'ensemble, que les bouteilles et les pots sont de guingois, que les coupes dégringolent et que les femmes ont des croupes un peu trop mafflues. Mais le plus souvent, Cézanne a sa verve saine, tranquille, et ses compositions s'équilibrent.

Aux époques héroïques du naturalisme, ce sont ces gaucheries qu'on exaltait le plus. Dans la révolte contre le convenu, on en arrivait à confondre les lois si nécessaires de la logique avec les bêtes formules d'école.

Par réaction contre le correct et ennuyeux académisme, on louait surtout Cézanne des fautes commises par ignorance et que l'artiste eût bien voulu pouvoir éviter.

Car il est certain qu'aucune de ces gaucheries n'est volontaire. Cézanne, étant un instinctif, tirant tout de lui-même, éprouva les mêmes difficultés que jadis les Primitifs. A quatre siècles de distance, par certains points ils se rejoignent. C'est fort curieux. Cézanne, bien sûr, n'ignore rien des belles époques d'art qui l'ont précédé. Il souhaiterait fort d'être savant, habile, d'avoir le moyen de rendre avec aisance ce qu'il sent, ce qu'il voit, mais comme il n'a d'autre guide que sa sensibilité, il tâtonne, il hésite. Il a les maladresses et les imperfections d'un vrai Primitif. Ainsi peint-il des paysages.

Il en saisit le caractère, la couleur, la lumière. Il en traduit l'intimité et la grandeur, mais il échoue dans l'art d'espacer les plans, de donner l'illusion de l'étendue. Son maigre savoir le trahit. Cézanne n'a pas les moyens de rendre tout ce qu'il perçoit. Il fait pour le mieux. Souvent l'instinct et l'expérience le sauvent. Mais souvent aussi son art spontané est impuissant. Bien des fois, il arrive que ses études de nature sont sans profondeur. Elles donnent l'impression d'une somptueuse tapisserie sans lointain. Ce sont des harmonies exquises, de valeurs très rapprochées, par tons plats très simples, qui augmentent l'impression de douceur et de charme. Mais les diverses lignes du paysage ne s'espacent point dans l'atmosphère.

Naguère, un phénomène divertissant s'est produit. De même que, aux heures ardentes du naturalisme, on s'engouait surtout des constructions hasardeuses de Cézanne, de même aux beaux jours — si vite révolus — du symbolisme mystique, on s'éprit surtout de cette absence de profondeur. Cela fit école. Comme il était de mode de recommencer, par système, les naïvetés des Primitifs, Cézanne fut salué comme un précurseur. On l'aima pour ses imperfections, que, de tout son effort, il cherche à éviter, comme s'il les avait délibérément consenties. Si bien que Cézanne eut, à deux étapes successives de l'art, le bizarre destin d'être exalté moins pour ses qualités que pour ses défauts. Mais le symbolisme y trouvait sa propre justification.

Pourtant, en dehors de ces fautes coutumières, que de grandes qualités en l'œuvre de Cézanne, que de bons conseils à y venir prendre! Quelles saines causes de joies et d'admiration! Nul art ne fleure plus la sincérité, la franchise, la passion. C'est une œuvre bellement créée dans l'amour. Qu'on se rappelle tant de paysages aux riches verdures, aux feuillages luxuriants, aux grasses ondulations. Ce sont de graves harmonies en vert sous des ciels finement nuancés. La terre est rendue dans sa fécondité. Les lourdes branches des arbres traînent sur les prairies épaisses. Les vallées herbeuses ont une splendeur de velours mat. Sans doute on préférerait des plans mieux établis, plus d'espace, plus de profondeur. Mais quelle douceur fastueuse de tapisseries ont ces calmes et simples harmonies!

Nous avons cité d'abord les paysages, pour réagir contre une tendance récente, qui veut trop faire de Cézanne un peintre de natures mortes. Mais ses fruits sont parmi les plus beaux de notre école française. Chardin, dans ses œuvres les plus heureuses, n'en a pas mieux rendu la chair lourde et renflée, les fossettes et les surfaces de lumière, la pelure éclatante et légère. Ce sont des pommes, des poires, des pêches. Elles s'étalent parmi des bouteilles noires sur le goulot desquelles la lumière joue, parmi des pots de grès, sur les nappes blanches où les plis du linge mettent des jeux d'ombres et de clartés. Elles s'étagent dans les coupes en pyramides de joie. Ce sont morceaux de maîtres. Aux beautés que nous avons coutume d'admirer chez Chardin, Cézanne ajoute les prestiges d'une couleur fraîche, libre, hardie, qui donne au fruit toute sa splendeur.

Malgré bien des outrances et des maladresses, il faut encore aimer Cézanne dans ses nus, étudiés avec une sincérité si naïve, et dans ses portraits si frustes, si sévères. Sous les belles verdures, le corps noirâtre des femmes surprend. Mais intéressons-nous à la lourdeur grasse des lignes, aux chairs molles, pesantes.

De rares imperfections ne comptent guère en une œuvre qui traduit, avec une originalité si saisissante, le bonheur et l'émotion d'un simple, admirablement doué, en face des merveilles toujours neuves de la nature. "

Georges Lecomte.

CÉZANNE

(PAUL)

18 — *Sur la rive. — Automne.*

La rive de sable jauni s'étire au bord du flot, dans l'île. Des bouquets d'arbres se profilent sur le ciel automnal où des nuages pesants — souples pourtant et frangés de blanc — s'enlèvent sur le lointain bleui.
A droite, c'est la perspective de l'autre rive où apparaissent des feuillages roux.

Toile. — Haut.: 61 cent. 1/2; larg.: 50 cent.

CÉZANNE

(PAUL)

19 — *La Maison au-dessus de la vallée.*

Abandonnée sans doute. Les portes, les fenêtres sont closes. Le vieux mur d'appui qui surplombe des pentes invisibles est disjoint, lézardé. Drue, l'herbe a poussé dans la cour. Les grands sapins font un rideau lourd à gauche et dans l'éclaircie en face, c'est l'autre versant de la vallée avec, tout en haut, des maisons.
C'est un décor rude où songer à des choses tristes.
Appelons... Personne ne répond...
Ce tombeau est bien abandonné.

Toile. — Haut.: 60 cent.; larg.: 50 cent.

CÉZANNE

(PAUL)

20 — *Fleurs et fruits.*

D'une pâte pleine, d'une couleur chaude, d'une intense vie!

L'artiste — devant ces feuillages, ces corolles épanouies, où, comme un flux de santé, la sève montante avive encore les pourpres; devant ces fruits dont la chair ferme invite à la morsure gourmande; devant cette bouteille où quelque vin généreux est enclos — a pensé, sans nul doute, à toute la Force latente, éternellement renouvelée qui, dans les vergers, dans les vignes, aux parterres fleuris, atteste la toute fécondité de la Nature.

Et, d'une pâte pleine, d'une couleur chaude, d'une intense vie, il a peint.

Toile. — Haut.: 62 cent.; larg.: 50 cent.

CÉZANNE

(PAUL)

21 — *L'Estaque. — Toulon.*

Sous la carapace de leurs toits où se gaufrent les tuiles brunies, le petit pays au bord de la mer.

Deux voiles sur l'eau. Des feuillages lourds, des ombres épaisses, des lumières crues.

Toile. — Haut.: 42 cent.; larg.: 54 cent.

Vente Tavernier.

CÉZANNE
(PAUL)

22 — *Pommes et cruchon.*

Toile. — Haut.: 32 cent.; larg.: 40 cent.

CHAUDET
(G.)

23 — *Nature morte.*

Signé à droite, en haut : *G. Chaudet, 91.*

Toile. — Haut.: 46 cent.; larg.: 55 cent.

CHAUDET
(G.)

24 — *Étretat.*

Signé à gauche, en bas : *G. Chaudet.*

Mention à droite : *Étretat.*

Panneau. — Haut.: 25 cent.; larg.: 32 cent. 1/2.

CHUDANT
(A.-D.)

25 — *Le Pont des Arts.*

Signé à gauche, en bas : *A.-D. Chudant.*

Toile. — Haut.: 53 cent.; larg.: 65 cent.

COLIN
(GUSTAVE)

26 — *Marine.*

Toutes voiles à l'air, le grand bateau quitte la rive. La petite barque se gare. Derrière la fuite des maisons rouges, la colline s'enlève.

Signé à droite, en bas : *G. Colin.*

Toile. — Haut. : 26 cent.; larg. : 39 cent.

COROT
(CAMILLE)

27 — *Forêt de Fontainebleau.*

Les verdures et les hautes feuillées s'arrondissent en arche très romantique derrière laquelle coule, à larges ondes lumineuses, le noble fleuve du ciel bleu.

Parmi l'éboulis des rochers du premier plan, une figure, tout de blanc vêtue et cagoulée, gravit.

Signé à droite, en bas : *Corot.*

Toile. — Haut. : 46 cent.; larg. : 38 cent.

COTTET
(CHARLES)

28 — *A l'Église.*

C'est la fin des Vêpres. Le jour s'en va. A peine colore-t-il encore le vitrail d'or. Visages de terre cuite, six femmes en coiffes blanches; deux gars, deux béguines en manteau sombre.

C'est la fin des Vêpres.

Signé à droite, en bas : *Ch. Cottet.*

Panneau. — Haut. : 14 cent.; larg. : 28 cent. 1/2.

Honoré Daumier

“CHOSE merveilleuse, Daumier est arrivé à donner de la beauté à la laideur et de la puissance tragique aux niaiseries. Il excelle à dramatiser les moindres circonstances de la vie la plus plate, en attribuant aux gestes une ampleur à la Talma et une emphase déclamatoire qui fait ressembler le plus petit épicier, le plus médiocre bourgeois, à un Œdipe ou à un Agamemnon entrevu dans le brouillard.

Daumier passa ainsi toute sa vie à donner des magnifiques envergures classiques à des pleutres, à de rudimentaires silhouettes, à des pantins à peine dégrossis. Il se garde bien de dégager davantage l'individualité extérieure du personnage et il préfère le laisser dans le vague état de simple paquet de nerfs anonyme, afin d'être plus libre de le tordre à son aise en des académies frénétiques et en de théoriques études de balistique corporelle.

Il est tout nourri de David, de Girodet, de Pierre Puget; ses échines et ses bedaines de bourgeois au bain sont d'une admirable anatomie. Caricaturiste par métier et chargé d'exprimer les menues mœurs de son époque, il néglige presque toujours de représenter ces mœurs et s'amuse à dessiner des torses paradoxaux ou à chercher de bizarres effets de clair-obscur. Tout en blaguant, il est et reste plus romain et plus solide et plus « École des Beaux-Arts » que M. Ingres lui-même.

Le jeu des muscles et les mouvements de la « viande » humaine sous la chemise d'un monsieur qui marche l'intéressent bien plus que les sentiments de ce monsieur; ses soi-disant bourgeois parisiens sont des écorchés vêtus d'une redingote sommaire, par pure décence; mais, au fond, sa vocation eut été de peindre de furieuses batailles de Titans nus en d'immenses fresques de palais italiens ou de brosser des « Jugement dernier » et des torsions de damnés dans quelque chapelle Sixtine. "

RAOUL DEBERDT.

DAUMIER
(HONORÉ)

29 — *Chevaux et Cavaliers.*

Dans la nuit, la rude chevauchée de l'homme qui guide les deux chevaux — blanc et noir — et, malaisément, refrène leurs rébellions.

Avec combien plus de calme, l'autre cavalier, qui vient à sa rencontre, s'avance-t-il au pas lent de sa noble monture, vers le triangle d'encre du premier plan.

Toile. — Haut.: 60 cent.; larg.: 85 cent.

DAUMIER
(HONORÉ)

30 — *Un Juge.*

Portant le code en main, ouvert à la page qu'il faut, nez à l'air, toque en arrière, tout à l'heure il va sortir du cadre pour aller juger selon sa conscience.

Panneau. — Haut.: 27 cent.; larg.: 23 cent.

DELACROIX
(EUGÈNE)

31 — *Esquisse pour la Sainte Famille.*

Dans l'ovale d'un cadre peint, la Vierge assise portant sur ses genoux l'Enfant.

Tout à l'entour, des figures à genoux ou inclinées, sur le fond sombre de l'Étable.

Par une éclaircie à droite, un pan du ciel nocturne.

Au dos le cachet de la vente.

Esquisse. — Haut.: 20 cent. 1/2; larg.: 22 cent.

Vente Choquet.

DENIS
(MAURICE)

32 — *Avril.*

Le sentier comme une claire frange sur la robe verte des pelouses.

La rivière comme un ruban d'azur mat sur le velours oranger des prairies.

Six jeunes filles en blanc cueillant des pâquerettes.

Et, toute rouge, la balustrade qui, en zigzag, surplombe l'abîme.

Signé à gauche, en bas : *MAD, 92.*

Toile. — Haut.: 38 cent.; larg.: 62 cent.

DENIS
(MAURICE)

33 — *La Vierge et l'Enfant Jésus.*

Au-dessus du village et du champ de repos, la Vierge apparaît, portant Jésus dans ses bras.

Derrière elle, à droite, l'église, la mer. A l'horizon chargé de nuées rousses, telle un soleil, s'élargit l'auréole..

Toile. — Haut.: 32 cent.; larg.: 47 cent.

DETHOMAS

34 — *Le Thé.*

Signé du monogramme dans le haut, à droite.

Toile. — Haut.: 37 cent.; larg.: 45 cent.

Vente Goupy.

DETHOMAS

35 — *Portrait.*

Toile. — Haut.: 33 cent.; larg.: 40 cent.

HENRI-DUMONT

36 — *Des roses.*

Signé à droite, en bas : *Henri-Dumont.*

Toile. — Haut.: 41 cent.; larg.: 26 cent. 1/2.

DUMOULIN

(LOUIS)

37 — *Cour de ferme.*

Signé à gauche, en bas : *Louis Dumoulin, 1880.*

Toile. — Haut.: 43 cent.; larg.: 50 cent.

ELIOT

(MAURICE)

38 — *Jeudi d'été.*

Dans le champ blond, sous le soleil, les petites filles se sont assises.

Il n'y a pas d'ombre. De grands chardons portant des fleurs mauves poussent à gauche, drus et menaçants. Derrière les fillettes, se tasse le tapis des ombelles. Et les meules dans le pré se gonflent comme des vagues d'or.

Tout là-bas, les prairies vertes et les toits du village.

Signé à droite, en bas : *Maurice Eliot, 89.*

Toile. — Haut.: 65 cent. 1/2; larg 50 cent.

Salon de 1889.

ELIOT
(MAURICE)

39 — *Étretat.*

Au loin la mer irisée, phosphorescente sous le soleil qui se lève.

A gauche, la falaise trouée d'une arche où s'enfonce le chemin de sable.

Des herbes, des mousses se tassent à la lisière du flot.

Signé à gauche, en bas : *Maurice Eliot, 92, Étretat.*

Toile. — Haut. : 54 cent. ; larg. : 74 cent.

ELIOT
(MAURICE)

40 — *Minuit.*

Signé à gauche, en bas : *Maurice Eliot.*

Toile. — Haut. : 27 cent. ; larg. : 42 cent.

D'ESPAGNAT
(GEORGES)

41 — *Coup de vent.*

Signé à droite, en bas : *G. d'E.*

Toile. — Haut. : 60 cent. ; larg. : 72 cent.

D'ESPAGNAT
(GEORGES)

42 — *Nature morte. — Faisan.*

Signé à gauche, en haut : *G. d'E.*

Toile. — Haut. : 72 cent. ; larg. : 53 cent.

Fantin-Latour

“Désabusé sur les engouements de la mode et en rébellion ouverte contre elle, fermé aux bruits du dehors afin de mieux entendre sa propre inspiration, M. Fantin-Latour donne, dans son isolement volontaire, l'exemple d'une hautaine indépendance d'attitude et de talent. On le voit, fort d'une originalité qui partout s'illustre et s'impose, aborder toutes les techniques, cultiver sans forfanterie tous les genres, l'intérieur et le plein air, le nu et la fleur, le portrait et l'allégorie, s'éprendre tour à tour de l'humble vérité et des mirages somptueux du rêve. Il n'est guère arrivé de trouver ainsi réunis les dons contradictoires de l'analyse patiente et des envolées lyriques, de rencontrer un artiste d'esprit assez large, de sensibilité assez vive pour s'intéresser à l'œuvre de l'homme, non moins qu'à l'œuvre de Dieu, pour pénétrer la nature dans sa simple intimité et dire le geste des épopées, la passion mouvementée des drames.

Tel paraît le partage de M. Fantin-Latour; avec la belle indifférence d'un philosophe, avec le tranquille dédain de la louange ou du blâme, victorieusement il parcourt toutes les avenues de l'Art, édifiant au jour le jour l'œuvre la plus une et la plus complexe, œuvre d'observateur et de poète, qui participe de notre temps et tout ensemble le domine.”

Roger Marx.

Une Visite chez Fantin-Latour

“L'ARTISTE s'étonne, s'amuse de ma curiosité. Il ne méprise pas les critiques d'art. Il trouve, dit-il, toujours un agrément à écouter leurs questions — même maladroites — à peser avec eux les chances de telle idée, la raison d'être de telle opinion. Il ne se refuse pas à l'interview. Il est bien aimable.

C'est rue des Beaux-Arts, dans son atelier ; lui-même est venu entr'ouvrir la porte ; palette en main gauche, déjà il tend sa droite et s'enquiert.

Je veux risquer une question. Il m'interrompt : « Oh, moi, dit-il tout de suite, en relevant d'un preste coup de pouce l'écran que maintient sur ses yeux un cordon enserrant la tête, oh, moi, je suis un peu un pompier, vous savez. »

C'est à mon tour de m'étonner. « Eh oui, dit Fantin, des théories et des discussions, je veux persister à tout ignorer. J'aime la nature comme je la vois, et je la peins comme je l'aime. La figure me séduit ; je fais de la figure. Le paysage ? Je prends de lui ce qu'il en faut pour cadrer mes figures... » — « Mais enfin « Pompier ! », insistai-je, voilà un mot inacceptable. Vous n'êtes pas pompier. Dites que vous vivez dans un idéal d'art où vous défendez à quiconque d'entrer, soit ; que vous avez une vision des choses qui ne se pliera jamais à la moindre concession, qui restera elle-même en dépit des goûts du public, mais ne dites pas que vous êtes pompier. »

Nous sommes descendus jusque vers deux toiles inachevées. Ce sont des apparitions de chairs souples, vibrantes en la pénombre des sous-bois : « Voyez, dit l'hôte, avec une presque naïveté, voyez, c'est toujours la même chose. Comment l'idée m'en est venue? Qu'en sais-je? Une étude un peu plus poussée, un modelé un peu plus cherché, un geste soudain trouvé et voilà le thème du tableau. »

« Aimons notre art, faisons notre effort et ne retenons de la visite des importuns qu'un mince sourire au coin de la lèvre », semble songer à part lui M. Fantin-Latour, tandis qu'il ajoute, d'une touche lente, une vigueur sur un pan de feuillage et que la pluie martèle au-dessus de nos têtes le plafond vitré de l'atelier paisible. "

PASCAL FORTHUNY. — *L'Art et les Artistes.*

FANTIN-LATOUR
(HENRI)

43 — *Nymphe.*

Dans la lumière du crépuscule qui décroît, elle est debout en l'entre-colonnement des hauts arbres qui marquent le seuil de la forêt. De son bras droit, elle maintient au-dessus de son épaule une écharpe blanche.

Les cheveux noirs sont dénoués. Sa main gauche s'appuie aux plis d'un manteau rouge. L'ombre vient du fond du bois. La femme, songeuse, semble écouter la chanson lointaine des nids qui s'endorment.

Signé à droite, en bas : *Fantin.*

Toile. — Haut.: 45 cent.; larg.: 31 cent.

FERRÉ
(GEORGES)

44 — *Arracheuse de pommes de terre.*

L'une fouille la terre avec la bèche, l'autre jette au panier les pommes de terre.

Le soir tombe sur le champ retourné, sur les prés verts, au loin, et sur les carrés de blé doré.

Signé à gauche, en bas : *Georges Ferré, 1885.*

Toile. — Haut.: 81 cent.; larg.: 100 cent.

Salon de 1886.

FERRÉ
(GEORGES)

45 — *La Seine à Poissy.*

Signé à gauche, en bas : *Georges Ferré, 1885.*

Toile. — Haut. : 56 cent.; larg. : 45 cent.

FERRÉ
(GEORGES)

46 — *Chemin à travers champs.*

Signé à gauche, en bas : *G. Ferré.*

Panneau. — Haut. : 13 cent. 1/2; larg. : 19 cent.

FERRÉ
(GEORGES)

47 — *Maison au bord de l'eau.*

Signé à droite, en bas : *Georges Ferré.*

Panneau. — Haut. : 12 cent.; larg. : 19 cent.

FOURNIER

48 — *Les Boulevards. — Soir.*

Signé à gauche, en bas : *Fournier.*

Toile. — Haut. : 33 cent.; larg. : 46 cent.

GAUGUIN
(P.)

49 — *Vaches au bord de la rivière.*

Avec des douceurs de tapisserie, le chemin et la rivière sous la souple retombée des branches s'étirent côte à côte pour un commun voyage.

Les lianes frangent le flot à gauche, les vaches tachent la route à droite et des marbrures de soleil entretiennent des vigueurs sous le couvert diapré de lumière tamisée.

Signé à gauche, en bas : *P. Gauguin, 86.*

Toile. — Haut.: 46 cent.; larg.: 55 cent.

GAUGUIN
(P.)

50 — *Coteaux.*

Sur le coteau, en amphithéâtre, dans une imprévue — et si juste! — note de gris, le village s'étage.

A gauche, une figure.

A droite, deuxième plan : un paysan dans le pré glissant.

Signé à droite, en bas : *Gauguin, 89.*

Toile. — Haut.: 72 cent.; larg.: 60 cent.

GAUGUIN
(ATTRIBUÉ A)

51 — *Village breton.*

Toile. — Haut.: 27 cent.; larg.: 35 cent.

GIRAN-MAX

52 — *Rivière. — Soir.*

Strié horizontalement de bandes vibrantes, le paysage, le ciel, l'eau, le coteau, la rive.

A droite, un sentier dans l'herbe.

Signé à gauche, en bas : *Giran-Max*.

Toile. — Haut.: 64 cent.; larg.: 53 cent.

GIRAN-MAX

53 — *La Mare aux Canards.*

Signé à gauche, en bas : *Giran-Max*.

Toile. — Haut.: 34 cent.; larg.: 28 cent.

GIRAN-MAX

54 — *Marécages.*

Signé à gauche, en bas : *Giran-Max, 92*.

Panneau. — Haut.: 34 cent.; larg.: 26 cent.

Armand Guillaumin

“La peinture de M. Guillaumin est tout à fait facile à comprendre, et sans arrière-pensée.

*
* *

Ayant beaucoup et continuellement travaillé, M. Guillaumin a produit beaucoup; mais cela ne veut pas dire qu'il eut hâte d'exposer, ni qu'il chercha les succès rapides. Ce n'est qu'en 1874 qu'il prit part pour la première fois à une exposition, et c'était la célèbre première des impressionnistes. Il peut être noté en passant qu'il avait envoyé une toile au Salon de 1872, qu'elle fut refusée, et que l'expérience faite ne fut jamais recommencée. Entre autres toiles exposées en 1874, se trouvaient des vues de Charenton.

Dès ces débuts s'affirmèrent les qualités de M. Guillaumin : sa manière large et sûre de voir et d'interpréter la nature, la netteté et la logique de ses affirmations, enfin cette faculté très personnelle, que signalait Huysmans, en 1881, d'obtenir la délicatesse d'effet par des procédés violents. C'est ce qui a causé l'erreur de beaucoup de gens; ils ont confondu l'aspect de la peinture avec le sentiment qui s'en dégage. L'énergie est dans les moyens qui sont à la vérité rudes et simples, dans une palette exclusivement composée de tons purs; mais leur combinaison aboutit à de l'harmonie et, dès lors, le résultat devient analogue à celui que donne la campagne elle-même : des sensations très fines procurées par des perceptions très vives. Et ainsi se présente M. Guillaumin : un peintre parfois violent et un homme toujours doux.

Le succès est venu à un homme qui a toujours travaillé dans son coin, à l'écart, et qui a montré la plus grande honnêteté de l'artiste : donner tout ce qu'il peut.

*
* *

D'une manière générale, nous pensons que l'on ne trouvera dans cette œuvre aucune obscurité, et ce n'est pas le moins juste éloge que nous ayons cru en pouvoir faire. On y constatera à chaque pas la conviction et l'ardeur au travail d'un tempérament simple et loyal. Les champs, les arbres, les ruisseaux et les flots, qui sont d'incomparables magiciens, sont de moitié dans l'œuvre du peintre; il a le mérite d'aimer tout cela bien sincèrement et de l'interpréter sans détour.

Nous croirions faire un bien fâcheux compliment à M. Guillaumin si nous disions qu'il est un poète. Il est vrai que rien ne nous est plus insupportable que cette poésie que les critiques veulent voir à toute force dans les œuvres des artistes. De leur côté, ceux-ci n'aiment pas plus que nous ce qui sent une confusion entre les choses de littérature et les choses de métier.

C'est un pléonasme de dire qu'une image réussie est poétique; mais lorsqu'on veut expliquer par des mots et des phrases le sentiment que le consciencieux ouvrier a voulu y mettre, ou bien l'on risque de rendre à celui-ci, involontairement, un mauvais service, ou bien l'on se préserve difficilement du ridicule que M. Degas a fait si heureusement toucher du doigt dans cet aphorisme : « Les lettres expliquent les arts sans les comprendre ». "

Arsène Alexandre.

GUILLAUMIN
(ARMAND)

55 — *L'île Besse.*

Volcanique, hérissée de roches rouges, marbrée de grandes ombres mauves, l'île Besse profile sa rude architecture sur l'implacable azur de la mer.

Dans des criques où nul bateau jamais ne songera chercher refuge, des vagues coiffées d'écume rageuse montent à l'assaut de basses roches.

Signé à droite, en bas : *Guillaumin.*

Toile. — Haut. : 93 cent. ; larg. : 73 cent. 1/2.

GUILLAUMIN
(ARMAND)

56 — *Soleil couchant. — Charenton.*

La tapisserie du ciel se double au capricieux miroir de la rivière et, sur l'écran prestigieux tissé de soies ocres, émeraudes et roses, les peupliers s'enlèvent, fiers, panachés, casqués de feuillages, tordus de blessures, tels de vieux guerriers qui ne veulent pas mourir.

Au loin, par delà le rideau mauve des berges, des usines fument.

Mais ici c'est la grande paix du soir, le silence des crépuscules recueillis, toute la poésie somptueuse du moment où la rivière s'endort dans son lit de pierreries.

Signé à droite, en bas : *Guillaumin.*

Toile. — Haut. : 81 cent. ; larg. : 65 cent.

GUILLAUMIN
(ARMAND)

57 — *La Marmite.*

Sur la nappe blanche, la marmite noire. Fourchette et cuiller. Le verre pour boire. Assiette et bouteille.

Le tout sur fond noir.

Très certainement, ce qu'on mange ici, c'est le brouet noir.

Signé à gauche, en bas : *A. Guillaumin, 67.*

Toile. — Haut.: 45 cent.; larg.: 55 cent. 1/2.

GUILLAUMIN
(ARMAND)

58 — *Gelée blanche à Crozant.*

Le plateau sous la neige, la vallée habillée d'ombres bleues, un autre plateau avec des maisons et des bosquets, la fuite des terres blanchies de neige.

Tout un jeu d'ombres et de lumières, la sensation — au deuxième plan — d'un glissement du sol.

Sur tout le décor, la lumière pâle d'un matin d'hiver.

Signé à gauche, en bas : *Guillaumin.*

Toile. — Haut.: 81 cent.; larg.: 65 cent.

GUILLAUMIN
(ARMAND)

59 — *La Sablonnière.*

C'est un chemin qui tourne entre deux glissements de terre ocre, rousse, ensoleillée, en valeur sur le ciel léger, dégradé du zénith à l'horizon, de l'outremer à l'émeraude.

A droite, deux arbres dont l'un, couché par le vent. L'autre, petit, trapu, rabougri, tassé au creux des pierres comme pour éviter les rudes assauts du vent.

Au premier plan, les grandes ombres instables d'un arbre invisible.

Signé à gauche, en bas : *Guillaumin.*

Toile. — Haut.: 65 cent.; larg.: 81 cent.

GUILLAUMIN
(ARMAND)

60 — *L'Abside de Notre-Dame. — Paris.*

A gauche, sur le quai, où s'allongent les ombres bleuies, des silhouettes à des plans différents.

Notre-Dame debout sur le ciel très tendre. Des cimes d'arbres, cuivrées par l'automne, encerclent la base de la vieille architecture. Des fumées dans l'air.

Un remorqueur, de son soc rouge, laboure l'eau du fleuve, moirée de courtes vagues.

Signé à gauche, en bas : *Guillaumin.*

Toile. — Haut.: 60 cent.; larg.: 81 cent.

GUILLAUMIN

(ARMAND)

61 — *La Barrière.*

Le fleuve passe derrière les arbres avec des luisances de métal fondu.

Dans le ciel, les marbrures d'un soir mauve et pers.

Sur toute la gauche, le champ fleuri de trèfle incarnat, enclos dans le mur bas. Quelqu'un est passé là et a laissé la barrière ouverte.....

Signé à droite, en bas : *Guillaumin.*

Toile. — Haut.: 81 cent.; larg.: 65 cent.

GUILLAUMIN

(ARMAND)

62 — *La Roche de l'écho à Crozant.*

Miroir des coteaux, la rivière avec des reflets, des moires et des profondeurs cristallines.

La roche debout contre le ciel à gauche et à droite la berge avec des ornières.

Signé à gauche, en bas : *Guillaumin.*

Toile. — Haut.: 65 cent.; larg.: 80 cent.

GUILLAUMIN
(ARMAND)

63 — *Les Puys.*

Dominant les puys qui, en vallonnements souples, s'éloignent jusqu'à l'horizon où le crépuscule s'éteint, les arbres d'automne tordus, panachés de feuilles rousses.

Signé à gauche, en bas : *Guillaumin.*

Toile. — Haut.: 65 cent.; larg.: 92 cent.

GUILLAUMIN
(ARMAND)

64 — *Ruines de Crozant. — Brouillard.*

En lambeaux, la vieille forteresse érige encore sur le ciel l'arrogance de ses donjons.

Les mousses ont, tout alentour, reconquis la roche.

Au loin, le jeune village, sur le coteau, de l'autre côté de la vallée.

Signé à gauche, en bas : *Guillaumin.*

Toile. — Haut.: 58 cent.; larg.: 72 cent.

GUILLAUMIN
(ARMAND)

65 — *Terrain rouge à Damiette.*

Le champ a été retourné hier. Au soleil, il est tout rouge encore de ses blessures.

Tout autour du triangle qu'il découpe entre les haies, les maisons aux tuiles rouges sont massées. A gauche, un coteau. Le ciel bleu tigré de nuages blancs. Au milieu du champ, un vieil arbre qui, longtemps encore, restera vert, quoiqu'il ait vu plus de cent récoltes.

Signé à gauche, en bas : *Guillaumin.*

Toile. — Haut.: 67 cent.; larg.: 1 mètre.

GUILLAUMIN
(ARMAND)

66 — *Cataracte sur la Creuse.*

Dans la lumière très vibrante d'un matin de novembre ensoleillé, la rivière saute de roche en roche, et s'éloigne vers la gauche.

En amont, elle mire les croupes des bois bleuis d'aube attardée.

Sur la rive droite, les arbres contors, les branches retombantes où se retroussent encore, dans le vent qui passe, quelques feuilles rouillées.

Signé à gauche, en bas : *Guillaumin.*

Toile. — Haut.: 60 cent.; larg.: 73 cent.

GUILLAUMIN
(ARMAND)

67 — *Le « Devaloir ».*

Signé à gauche, en bas : *Guillaumin.*

Toile. — Haut.: 58 cent.; larg.: 96 cent.

GUILLAUMIN
(ARMAND)

68 — *Allée de bois. — Temps de pluie.*

Signé à gauche, en bas : *Guillaumin.*

Toile. — Haut.: 73 cent.; larg.: 54 cent.

GUILLAUMIN
(ARMAND)

69 — *Parc de Montsouris.*

Signé à gauche, en bas : *A. Guillaumin.*

Toile. — Haut.: 55 cent.; larg.: 45 cent. 1/2.

GUILLAUMIN
(ARMAND)

70 — *Les Meules.*

Signé à gauche, en bas : *Guillaumin.*

Toile. — Haut.: 46 cent.; larg.: 60 cent.

GUILLAUMIN

(ARMAND)

71 — *Enclos.*

Toile. — Haut.: 46 cent.; larg.: 54 cent.

GUILLOUX

(CHARLES)

72 — *Finale spécieux.*

Les arbres, au crépuscule, composent de bizarres et hallucinantes architectures sur le rideau du ciel, rayé de très mystérieuses nuées, éclairé d'un soleil déconcertant qui, *écorné par le nuage, se double néanmoins* INTÉGRAL *au fleuve.*

Qui trompe-t-on ici ?

Signé à droite, en bas : *C. Guilloux.*

Toile. — Haut.: 38 cent.; larg.: 56 cent.

GUILLOUX

(CHARLES)

73 — *Nuit.*

Signé à droite, en bas : *Guilloux.*

Toile. — Haut.: 32 cent.; larg.: 46 cent.

HOWLAND

(ERNEST)

74 — *Femme assise.*

Au dos : *Ernest Howland.*

Panneau. — Haut.: 24 cent.; larg.: 15 cent.

IBELS

(H.-G.)

75 — *Forains!*

Signé à gauche, en haut : *H. G. Ibels.*

Panneau. — Haut.: 19 cent.; larg.: 29 cent.

JACQUET

(G.)

76 — *Portrait de femme, profil.*

Signé à droite, en bas : *G. Jacquet.*

Toile. — Haut.: 16 cent; larg.: 12 cent.

Johann-Barthold Jongkind

“Au pays de Berlioz, dans un coin perdu des monts Dauphinois, à la Côte-Saint-André (Isère), d'où tant d'aquarelles prime-sautières sont datées, quand J. B. Jongkind mourut le lundi 9 février 1891, qui rappelait ce jugement d'Edmond de Goncourt : « Une chose me frappe, c'est l'influence de Jongkind. Tout le paysage qui a une valeur, à l'heure qu'il est, descend de ce peintre, lui emprunte ses ciels, ses atmosphères, ses terrains. Cela saute aux yeux et n'est dit par personne... »

C'était au Salon de 1882. Neuf ans après, à la mort obscure de l'artiste, cette coutumière conspiration du silence se prolongeait. Mais depuis, des ventes successives ont réveillé l'attention ; le *Journal* des Goncourt avait devancé l'instinct des collectionneurs et le snobisme de la foule ; la vogue, pour une fois, se trouve d'accord avec la justice : et la dernière exposition d'ensemble dans les galeries Durand-Ruel confirmait le pressentiment d'un seul. D'ailleurs, ce n'était pas la première fois que le vieil amant des nuits taciturnes était cité, connu, compris, aimé. « Je l'aime, ce Jongkind ; pour moi, il est artiste jusqu'au bout des ongles ; je lui trouve une vraie et rare sensibilité. Chez lui, tout gît dans l'impression ; sa pensée marche, entraînant la main. Le métier ne le préoccupe guère, et cela fait que, devant ses toiles, il ne vous préoccupe pas non plus. L'esquisse terminée, le tableau achevé, vous ne vous inquiétez pas de l'exécution ; elle disparaît devant le charme ou la puissance de l'effet... »

Qui tenait ce langage qui nous parle au cœur? Castagnary, en 1863, dans l'*Artiste;* et si le philosophe taisait le coloriste dans son inégale et fière *Philosophie du Salon de 1857*, où le paysage, « victoire de l'art moderne », a la place d'honneur, le fait s'explique par l'absence ou le refus de Jongkind, cette année-là.

Le refus? non pas, car le peintre avait obtenu une médaille de 3e classe (marine), en 1852, récompense qui le faisait exempt des jurys. De 1849 à 1872, Jongkind expose à nos Salons, sans être autrement remarqué. Les honneurs ne vont-ils pas toujours à ceux qui préfèrent la politesse des formules à l'inconvenance du génie?... On relève le nom de Jongkind, en 1850, avec le *Port de Harfleur*, ce *Port de mer* encore traditionnel et timide, appartenant à M. Rouart; en 1852, où « l'élève d'Eugène Isabey » reçoit une médaille pour deux vues de nos côtes normandes; en 1855, avec la *Vue de Notre-Dame de Paris, près du pont de la Tournelle*, vue très suggestive aujourd'hui, pour dire le double changement des procédés et des choses; l'*Abside,* de Méryon, figurait à ce même Salon de 1855 où Jongkind, malgré son origine étrangère, est inscrit dans la section française. En 1859, un paysage hollandais; l'artiste voyage et donne son adresse chez le père Martin de la rue Mogador, où le paysagiste Amédée Besnus le rencontre avec Isabey, Français, Cals, l'injustement oublié, Eugène Boudin, dont le début gagne les sympathies de Baudelaire. Envois en 1864, en 1866, en 1867, en 1868, en 1869, en 1870, en 1872, dernier Salon de l'artiste où passe inaperçu l'effet lunaire qui est sien. Que si la valeur d'un maître audacieux se mesurait à son passage aux Salons annuels, la personnalité compterait fort peu parmi la pléthore des talents ou la décadence fleurie des traditions. Quelques-uns sont là pour deviner l'avenir et tout remettre à son rang. Dès le 4 mai 1871, le *Journal* des Goncourt, en décrivant une visite faite en compagnie de Burty à Jongkind, trace un vivant portrait.

« J'ai été un des premiers à apprécier le peintre, mais je ne connais pas le bonhomme. Figurez-vous un grand diable de blond, aux yeux bleus, du bleu de la faïence de Delft, à la bouche aux coins tombants, peignant en gilet de tricot et coiffé d'un chapeau marin hollandais. Il a sur son chevalet un tableau de la banlieue de Paris, avec une berge glaiseuse d'un tripotis délicieux. Il nous fait voir des vues de Paris, du quartier Mouffetard, des abords de Saint-Médard, où l'enchantement des couleurs grises et barboteuses du plâtre de Paris semble avoir été surpris par un magicien dans un rayonnement aqueux. Puis, ce sont dans les cartons, des barbouillages de papier, des fantasmagories de ciel et d'eau, le feu d'artifice des colorations de l'éther. Il nous montre tout cela, bonifacement, en patoisant un hollando-français où perce l'amertume d'un grand talent, d'un très grand talent qui demande 3 000 francs pour vivre par an, et ne les a pas toujours gagnés, même dans les années où il voyait vendre un Bonington 80 000 francs. Mais aussitôt, se radoucissant, il parle sur une note de tristesse de son art, de sa lutte, de sa recherche qui le rend, dit-il, le plus malheureux des hommes... »

Cette mélancolie même qui a ses charmes et qui fait partie de l'amour, ne provenait pas du silence prudent ou des attaques oiseuses des gens du monde et des salonniers mondains, qui tel M. de Lépinois en 1859 s'en prenait « au faire de M. Jongkind qui donne une assez triste idée de la patrie du hareng-saur » ajoutant pour l'antithèse obligatoire avec Ziem :

« Que dirons-nous de la *Vue de Rotterdam* de M. Jongkind, exposé chez Détrimont ? Ce peintre a longtemps pratiqué le clair de lune sur les canaux hollandais ; il s'est trop familiarisé avec les silhouettes nocturnes, les mâts dégingandés, les arbres abracadabrants, les clochers noirs, le scintillement métallique des flots ; comme un oiseau de nuit, il nie le soleil, l'air, l'harmonie du jour, et lorsque, forçant sa nature, il s'échappe une heure trop tôt de son atelier, il parvient tout juste à faire de la lune en plein midi... » Document précieux aussi dans sa fatuité, que corrige à son heure la divination de Castagnary, des Goncourt, de Félix Buhot, qui déjà rapproche les noms de Jongkind, précurseurs des libres lumières : « *M. Eugène Boudin, sans pasticher Jongkind, a eu les yeux ouverts par son œuvre...* », disait Burty, dès 1883 ; ainsi se reconstituait la généalogie de cette romantique famille qui remonte à Bonington, à sa puissance légère, à sa pâte argentine, à ses ciels d'orage, et qui met son empreinte sur les premiers Monet, de la manière blonde en passant par Isabey, Decamps, Hervier, Jongkind, Eugène Boudin. Ainsi les filiations naturelles apparaissent.

En 1889, l'année où Buhot savait invoquer Burty pour exprimer des nuances, M. Henri Beraldi cataloguait l'œuvre du peintre-graveur, soit 17 croquis d'eau-forte, prestement égratignés sur le cuivre, et qui corroborent l'idée que nous gardons de Jongkind ; l'amoureux d'art Jean Dolent venait de lui déclarer ses sympathies en petites phrases pleines d'un grand sens, et ne soyons pas surpris que Jongkind « n'ait rien laissé dans le souvenir de Fantin-Latour ». Puisque c'est le paysage même que condamne le maître de l'*Atelier des Batignolles*. Mais déjà la vente Th. Bascle, en 1883, nous avait révélé 180 spécimens de cet art impressionnable et rapide ; la vente posthume, le lundi 7 décembre 1891, disait, par sa variété magistrale, la place occupée par l'artiste. 134 aquarelles, vendues à l'hôtel Drouot le jeudi 16 mars 1893, provoquaient un bel article du *Voltaire*, où Roger Marx, invoquant les citations que nous reproduisions tout à l'heure, définissait « l'action de Jongkind », que M. de Goncourt avait pressentie : la vente John Saulnier du 25 mars 1892, chez Seldelmeyer, nous disait à quel prix déjà un *Rotterdam* chaleureux pouvait monter ; enfin, le vendredi 28 avril 1899, la collection dispersée d'un fervent fournissait à L. Roger-Milès l'occasion de résumer ces détails qui désormais appartiennent à l'histoire de l'Art. "

RAYMOND BOUYER.

JONGKING
(J.-BARTHOLD)

77 — *Boulevard Montparnasse, Nuit.*

Sous la lune, le boulevard hérissé d'arbres, planté de réverbères.

Une charrette, lourde, jette une ombre épaisse sur la chaussée. Un homme marche à la tête des chevaux.

A gauche, les silhouettes rigides de toits estompés de nuit.

Signé à gauche, en bas : *Boulevard Montparnasse, 1870.*

A droite : *Jongkind.*

Toile. — Haut. : 33 cent. ; larg. : 24 cent. 1/2.

JONGKING
(J.-BARTHOLD)

78 — *Rue du Faubg-St-Jacques ; Neige.*

A gauche, la file des maisons hautes. A droite, des échoppes peu élevées.

Dans la neige, les piétons, les voitures et des balayeurs à l'ouvrage.

Mais ce n'est pas fini : il va encore neiger tout à l'heure.

Signé à gauche, en bas : *Jongkind, 1879.*

Toile. — Haut. : 33 cent. ; larg. : 25 cent.

Vente Jongkind.

JONGKING

(J.-BARTHOLD)

79 — *Une rue à Saint-André.*

Signé à gauche, en bas : *Jongking, 1890.*

Panneau. — Haut.: 16 cent.; larg.: 22 cent.

LANÇON

(A.)

80 — *Les Fauves à la rivière.*

Toile. — Haut.: 45 cent.; larg.: 56 cent.

LANÇON

(A.)

81 — *Chemin creux.*

Signé à gauche, en bas : *A. Lançon.*

Toile. — Haut.: 24 cent. 1/2; larg.: 33 cent.

LANÇON

(A.)

82 — *La Carrière.*

Signé à droite : *A. Lançon.*

Toile. — Haut. : 24 cent. 1/2 ; larg. : 33 cent.

LEBASQUE

(A.)

83 — *La Place du village.*

Signé à droite, en bas : *A. Lebasque, 73.*

Toile. — Haut. : 40 cent. ; larg. : 32 cent.

Albert Lebourg

“ APRÈS avoir fait de l'Orient avec des qualités sérieuses, qui cependant ne l'avaient pas dès l'abord mis en relief, M. Lebourg s'est tourné vers un pittoresque différent, qui s'accorde beaucoup mieux avec son tempérament.

Il y a là des moulins surgissant de buissons de verdure, au-dessus de rivières où s'entretiennent de chatoyants reflets; des canaux où les lourds chalands, retenus par leurs amarres, semblent engourdis dans le soir qui descend; des coins de mer au-dessus desquels le soleil, encapuchonné de nuages, accomplit de paresseuses montées, et des villages, et des villes et des heures d'hiver et de printemps, et des neiges silencieuses, et des frondaisons où les oiseaux piailleurs doivent nicher; une énorme variété de sujets, où l'artiste s'affirme comme un impressionniste à la vision étrangement subtile et au pinceau volontairement hardi.

Dans l'œuvre déjà considérable de sa seconde manière, la première qualité dont il faut le louer, c'est d'avoir compris le pittoresque auquel il allait demander un objet d'interprétation; il a saisi l'atmosphère spéciale des pays du Nord, les transparences embrumées qui, en son maximum d'éclat, empruntent je ne sais quelle mélancolie pleine de recueillement.

Quant à l'exécution, Albert Lebourg y va largement, par touches rapides et puissantes, synthétisant les valeurs, voulant un aspect qui rende la sensation éprouvée, avec une sorte de frisson de lumière, où deux notes chantent en un accord d'un exquis enchantement, le rose et le gris. Certains diront que cela n'est pas assez fait, en mettant le nez sur la toile; il faut les laisser dire, parce qu'ils ne savent pas regarder un tableau : ils le regardent comme un auditeur qui, pour écouter une pièce jouée à grand orchestre, irait se placer contre le pupitre des trombones. Mais comme cela se doit pour toute œuvre d'art, mettez-vous dans l'optique spéciale que demande chaque toile, et vous constaterez que tout ce qui doit s'y trouver s'y trouve à son plan, à son échelle, à sa profondeur. Il y a, au contraire, chez ce peintre, une douce séduction dont on ne sent pas l'effort, quelque laborieux et patient que soit cet effort. Lebourg est de ceux dont l'originalité marque dans une école : il est lui-même et son œuvre est une œuvre. "

Roger-Milès.

LEBOURG
(ALBERT)

84 — *Moulin en Hollande.*

La rivière passe de droite à gauche par-delà le chemin de halage où un homme en costume vert s'avance.

Bateaux et voiles blanches et, presque dans l'axe, le moulin avec sa galerie, ses ailes, son toit bossu. Les maisons noyées dans les verdures et, par-dessus, un joli ciel mauve, bleu et argenté, un ciel de Hollande, à la fin d'un jour de pluie.

Signé à droite, en bas : *A. Lebourg, 1896.*

Toile. — Haut.: 47 cent.; larg.: 65 cent.

LEBOURG
(ALBERT)

85 — *Pont-du-Château, Auvergne.*

Accoudés à la haute balustrade de gauche, nous voyons le petit pays qui tasse les cubes de ses maisons coiffées de toits rouges et plats, la vieille église dont le clocher à pans accroche les lumières dernières.

Léger, en sept bonds, le pont a sauté la rivière.

Et sous le ciel désordonné, alourdi de nuées et prometteur d'orages, c'est le moutonnement des monts lointains, souples et fuyants, comme des vagues...

Signé à gauche, en bas : *Albert Lebourg, Pont-du-Château, Auvergne.*

Toile. —Haut.: 78 cent.; larg.: 48 cent.

LEBOURG
(ALBERT)

86 — *Tournant de rivière. — Automne.*

C'est la dernière heure de soleil à la fin d'un jour d'automne.

La petite maison rouge, à gauche, a ouvert ses deux fenêtres.

Les taches claires des pignons s'alignent au tournant de la rivière.

Près de nous, la rive est très verte encore, mais sur l'autre bord l'automne a rouillé les cimes, les prés.

Une barque passe l'eau.

Un horizon bleui.

Signé à gauche, en bas : *Albert Lebourg.*

Toile. — Haut. : 40 cent. ; larg. : 64 cent.

LEBOURG
(ALBERT)

87 — *Canal en Hollande.*

Sur son cheval, cet homme qui a un chapeau rouge regarde sans le voir un site qu'il connaît trop pour l'aimer assez : le canal, l'autre rive, les maisons, le moulin, le ciel de son pays déployé là-haut comme un velum où chaque soir, chaque matin, un artiste fécond recommence des fantaisies de couleur.

Ce soir, cela se passe dans les mauves, les pers, les ardoises et les tons chairs. Le fleuve, toujours à la mode du ciel, se pare d'une même robe.

Le moulin connaît ces coquetteries. Indifférent, faisant son ouvrage, il tourne...

Signé : *A. Lebourg, Delf Haven, 1896.*

Toile. — Haut. : 40 cent. ; larg. : 73 cent.

LEBOURG

(ALBERT)

88 — *Matin mauve.*

Signé à droite, en bas : *Albert Lebourg.*

Toile. — Haut.: 41 cent.; larg.: 65 cent.

Collection Gallimard.

LEHEUTRE

(G.)

89 — *Soir de neige à Montmartre.*

La pleine nuit, éclairée, semble-t-il — au contraire de toute logique — par la terre elle-même, ouatée de neige blême, une neige qui crête les murs, s'épaissit aux toits.

Vagues ombres : les becs de gaz, les passants.

Montmartre s'étage par plans reculés, dans des gris savants, et s'enfonce jusqu'à disparaître dans le mystère estompé de la basse ville.

Signé à gauche, en bas : *G. Leheutre, 93.*

Toile. — Haut.: 48 cent.; larg.: 73 cent.

LEHEUTRE

(G.)

90 — *L'allée des peupliers.*

Signé à gauche, en bas : *G. Leheutre, 94.*

Toile. — Haut.: 41 cent.; larg.: 32 cent.

LEICKERT
(CHARLES)

91 — *Patineurs en Hollande.*

Signé à droite, en bas : *Ch. Leickert.*

Panneau. — Haut.: 42 cent.; larg.: 60 cent.

LEPINE
(STANISLAS)

92 — *Le Pont-Royal.*

Dans la clarté indécise d'un jour de brume, le fleuve s'éloigne vers les arches du vieux pont.

Sur le quai, c'est la coutumière figuration des mariniers qui chargent un bateau, des charrettes, des chevaux blancs.

Les accessoires : cordages, tonneaux, bâches vertes, sont là. Une dame en chapeau jaune s'est aventurée au bord du fleuve avec sa petite fille en rouge.

Sous les arbres, là-bas, elle sait qu'elle va trouver un escalier : les Tuileries ne sont pas loin.

Signé à droite, en bas : *S. Lepine.*

Panneau. — Haut.: 32 cent.; larg.: 22 cent. 1/2.

LEPINE
(STANISLAS)

93 — *Canal à Paris.*

Remémorant les études de Corot à Rome, un motif de constructions, de bateaux, de pont de pierre, en valeur sur le ciel de l'eau, sur l'eau du ciel.

La rive gauche jette des ombres plus lourdes dans le canal.

Il y a deux figures sur la rive droite.

Signature presque effacée à gauche, en bas : *S. Lepine.*

Toile. — Haut.: 28 cent.; larg.: 43 cent.

LEPINE
(STANISLAS)

94 — *Le Mariage à St-Étienne-du-Mont.*

A droite, l'église, le perron. Puis, la voiture de gala, une autre voiture. Sur les marches, descendant au milieu de la double haie, les époux. La vieille architecture se cerne — avec des tons de pierre très usée, avec des trous d'ombres et des glissés de lumière — sur le ciel légèrement ennuagé.

Signé à droite, en bas : *S. Lepine.*

Au dos : *S. Lepine. Collection de petits panneaux de maîtres modernes réunis par M. Charles Ricada.*

Panneau. — Haut.: 12 cent.; larg.: 9 cent.

LEPINE
(STANISLAS)

95 — *La Berge.*

Doré par l'automne, à gauche, un bouquet d'arbres dépasse la ligne des coteaux d'arrière-plan où s'accusent en blanc, en rouge, d'imprécises façades. Le chemin suit le fil de l'eau entre des tapis d'herbe. Et un triangle de rivière se découpe, à droite, d'un bleu très doux.

Signé à gauche, en bas : *S. Lepine.*

Panneau. — Haut.: 24 cent.; larg.: 14 cent. 1/2.

LEPINE
(STANISLAS)

96 — *Le Pont.*

Une nacre habille le pont aux arches basses, les berges, l'eau, les lointains, le ciel.

Il semblerait qu'à droite, sur la rive, une fumée masque un peu le pied des taillis.

Le dôme d'une église, à demi effacé, par delà le pont, dans la brume argentée du matin.

Toile. — Haut.: 17 cent.; larg.: 27 cent.

LEPINE
(STANISLAS)

97 — *Rivière, Ciel rose.*

La rivière très calme dans les tonalités ardoisées. Sur la berge, un bouquet d'arbres, de maisons étagées.

A gauche, un mât où flotte une flamme.

Toile. — Haut.: 14 cent. 1/2; larg.: 22 cent.

LEPINE
(STANISLAS)

98 — *Rue et neige.*

Panneau. — Haut.: 22 cent.; larg.: 16 cent.

LEPINE
(STANISLAS)

99 — *La Mare, temps gris.*

Signé à gauche, en bas : *S. Lepine.*

Panneau. — Haut.: 24 cent.; larg.: 14 cent.

LOISEAU

(G.)

100 — *Saules et peupliers.*

La petite rivière, avec des allures de canal docile, s'éloigne entre les saules et les peupliers.

Frisés de soleil, ceux-ci s'amincissent sur le ciel où le bleu léger des beaux jours s'étale, souple et lumineuse gaze.

Signé à gauche, en bas : *G. Loiseau.*

Toile. — Haut.: 81 cent.; larg.: 64 cent.

LOISEAU

(G.)

101 — *La Rue sous la neige.*

Signé à gauche, en bas : *Loiseau.*

Toile. — Haut.: 54 cent.; larg.: 65 cent.

LUCE

102 — *Coucher de Soleil sur l'eau.*

Signé à droite : *Luce, 95.*

Panneau. — Haut.: 24 cent.; larg.: 36 cent.

LUCE

103 — *Rivière et bateau.*

Signé à gauche, en bas : *Luce.*

Panneau. — Haut.: 14 cent.; larg.: 22 cent.

LUCE

104 — *Petit pont, Charenton, 1891.*

Signé à gauche, en bas : *Luce.*

Panneau. — Haut.: 14 cent.; larg.: 22 cent.

MAILLARD

(F.)

105 — *Légende.*

Signé à droite, en bas : *F. Maillard.*

Toile. — Haut. : 39 cent. ; larg. : 24 cent.

MANCINI

(C.)

106 — *Tête de Napolitaine.*

Signé à droite, en haut : *Mancini, 70.*

Toile. — Haut. : 58 cent. ; larg. : 38 cent.

MANCINI

(C.)

107 — *Le Défilé.*

Signé à droite, en bas : *C. Mancini.*

Toile. — Haut. : 34 cent. ; larg. : 51 cent.

Édouard Manet

"Eh bien, non! Refuser M. Manet — je parle du seul refusé qui se soit mis en évidence et en ait appelé à l'opinion — refuser M. Manet n'est pas une bonne chose. Vous ne le changerez pas, M. Manet; il sait ce qu'il vaut, il sait qu'il est un artiste original et fort. Sa manière ne vous convient pas? c'est possible; mais elle est à lui et il la garde. Ce n'est pas une raison pour lui interdire le pain et le sel de la publicité. M. Manet est d'ailleurs de ces peintres qu'on ne refuse pas. Voilà vingt ans qu'il travaille sincèrement et courageusement sous les yeux de Paris. Il occupe dans l'Art contemporain une place autrement grande que M. Bouguereau, par exemple, que je vois parmi les membres du jury. Il a fait des toiles qui resteront plus sûrement que le *Santon à la porte d'une mosquée* de M. Gérome, qui n'est pas du jury et qui mériterait d'en être. Son portrait de cette année, ce portrait de M. Desboutin que vous lui avez refusé, eut été une des puissantes toiles du Salon. Mais le succès de *Bon bock* vous avait alarmés; vous n'avez pas voulu qu'il se reproduisît sur une plus grande échelle. Folie! Le public, qui ne s'en fie à vous qu'à demi, a couru chez le peintre, et ces visites empressées l'ont amplement dédommagé de votre brutal refus."

Castagnary *(Salon de 1876).*

MANET
(ÉDOUARD)

108 — *Les Drapeaux* (30 juin 1878).

C'est, dans l'ancienne rue Monnier, le claquement tricolore des drapeaux jusque là-bas les verdures des jardins. Le bleu, le blanc, le rouge triomphent. Les promeneurs vont, viennent, du trottoir à la chaussée.

Au premier plan, un fiacre et le déploiement pourpre d'une étoffe que gonfle le vent.

Signé à droite, en bas, à la plume : *Certifié d'Édouard Manet : Veuve Manet.*

Toile. — Haut.: 81 cent.; larg.: 65 cent.

Collection Hayaschi.

MANET
(ÉDOUARD)

109 — *Rue à Bayonne.*

A gauche, découpée dans du plâtre rose, une galerie à loggia — (on penserait presque à l'Espagne). — Un porche sombre creuse le même bâtiment. Des arbres.

L'escalade des maisons sur les maisons.

Un ciel d'encre. Des toits rouges. Des pignons.

Il y a des reflets humides à terre : il a plu.

Des gens rentrent chez eux.

Mention au dos : *garanti d'Édouard Manet : Veuve Édouard Manet.*

Toile. — Haut.: 40 cent.; larg.: 24 cent.

MAUFRA

(MAXIME)

110 — *Barques de pêche.*

Signé à droite, en bas : *M. M.*

Panneau. — Haut. : 40 cent. ; larg. : 70 cent.

MAUFRA

(MAXIME)

111 — *Soleil couchant, Marine.*

Toile. — Haut. : 47 cent. ; larg. : 63 cent.

MAURIN

112 — *La Puce.*

..... Une puce gentille.....

(*Damnation de Faust*).

Toile. — Haut. : 34 cent. ; larg. : 26 cent.

Claude Monet

“L’ART de Claude Monet est plus complet et plus puissant que celui de Turner. Ses tableaux, aussi imprévus, ont plus de solidité et d'équilibre. Si l'on veut apparenter son œuvre dans l'histoire, c'est à celui de Claude Lorrain qu'il faut remonter.

C'est un des talents les plus originaux de l'Art contemporain. Au physique, l'air d'un héros de Wagner, la face majestueuse, énergique de quelque dieu Wotan, une carrure d'athlète, une robustesse de chêne à qui le vent, la pluie, le gel, ont fait une rude écorce, des yeux profonds, fins et vifs, éclairant un visage tanné, balafré de rides, mettant leur lueur aiguë dans la broussaille épaisse d'une longue barbe grise.

Au moral, un simple, un loyal et un tendre, non par naïveté et ignorance, mais au contraire par connaissance des hommes et de la vie autant que par nature. Sachant ce que valent les frivolités, les frénésies et la piètre aventure du monde, il s'en tient sagement à l'écart. Aussi, attentif à toutes les floraisons de la pensée moderne, aux efforts si passionnants de notre époque pour un avenir meilleur, au sourd travail d'une société qui se veut plus juste et plus libre, nous donne-t-il l'exemple réconfortant de sa vie simple et droite, toute de travail et de réflexion, pleine d'un respect attendri pour la plante humaine à la fois si noble et si précaire.

Loin de Paris dont il n'aime guère les fièvres et la nervosité mauvaise, dans une solitude que les joies de famille et de nature embellissent, Claude Monet, paisiblement, avec une sereine allégresse, accomplit son œuvre.

Claude Monet, parvenu à cette beauté d'existence et d'art, continue sa tâche avec allégresse, heureux de comprendre la vie et les hommes, plein d'enthousiasme, d'indulgence et de sérénité, tirant de la nature toute la joie, passionné dans sa solitude pour tous les espoirs et toutes les colères de son temps.

Un tel peintre est une belle parure pour notre époque. "

GEORGES LECOMTE.

MONET
(CLAUDE)

113 — *Canal à Amsterdam.*

Étagé, montant à l'assaut du ciel de neige, le vieux clocher, habillé de bleu mat.

Vers lui, le canal s'allonge entre les berges, plantées d'arbres, frangées de maisons. Il passe sous les ponts, aminci, étranglé, et les barques entretiennent à sa surface des mosaïques et des reflets.

Une petite maisonnette, à gauche, enfonce à pic son mur dans l'eau miroitante.

Signé à droite, en bas : *Claude Monet.*

Toile. — Haut.: 65 cent.; larg.: 55 cent.

Collection De Bellio.

MONET
(CLAUDE)

114 — *Débâcle de la Seine à Vetheuil, Soleil couchant.*

C'est un rude hiver, mais peut-être en sortira-t-on ! Voilà — enfin ! — que la débâcle commence. Du village accroupi sous la neige, deux paysans sont sortis. Tout à l'heure, ils vont repartir dans leur barque. Ils devraient même ne pas trop longtemps rester là. Le soleil, malade, blême, décline par delà les toits.

La nuit ne va pas tarder.

Déjà, à droite, les squelettes des arbres amortissent leurs contours dans la pénombre grandissante.

Signé à droite, en bas : *Claude Monet.*

Toile. — Haut. : 55 cent.; larg.: 81 cent.

MONET
(CLAUDE)

115 — *Sainte-Adresse, Temps gris clair.*

La falaise, agressive, aiguë comme un soc de charrue, fend à gauche le champ illimité de la mer glauque.

Au bord du ciel, à droite, se découpe la toiture d'une construction. Dans le flot qui déferle, calme, ce sont les ruines d'une estacade de bois dont la plus récente tempête eut raison.

Enfin, tout le premier plan de droite est envahi par la dune où le sable fin et l'herbe rase composent une tapisserie compliquée.

Signé à droite, en bas : *Claude Monet.*

Toile. — Haut.: 71 cent.; larg.: 54 cent.

Collection Pellerin.

MONET
(CLAUDE)

116 — *Jardin et roses trémières.*

Comme des mâts fleuris, roses, rouges, blanches, vertes, les tiges des roses trémières, à gauche, s'enlèvent sur le fond lumineux des sous-bois.

Il y a sur l'allée une retombée de feuillages verts clairs et, à droite, la haie des roses trémières recommence.

Sur le sable, une jeune femme s'avance, dans un grand peignoir du matin, de fine soie rose, semé de choux en velours marron.

Elle porte au bras droit une gerbe de fleurs cueillies.

Signé à gauche, en bas : *Claude Monet.*

Toile. — Haut.: 73 cent.; larg.: 54 cent.

MONET
(CLAUDE)

117 — *Coucher de soleil sur l'eau.*

L'incendie du ciel est si violent qu'il ne peut s'éteindre en passant sur le fleuve. Il recommence *dans l'eau,* qui coule vers l'horizon chargé de mirages, verts, ocres, pourpres.

Seule la nuit qui descend va interrompre la magie. Déjà, au flot profond, les buissons de part et d'autre, et le grand bouquet des arbres, là-bas, jettent des ombres plus épaisses...

Signé à gauche, en bas : *Claude Monet.*

Toile. — Haut. : 52 cent. ; larg. : 62 cent.

MORET
(HENRY).

118 — *La Brèche: Falaises (Belle-Isle).*

Les rages de la mer ont eu raison de la falaise, et de jour en jour, pierre à pierre, le vieux roc cède au flot dont les vigueurs restent éternellement jeunes.

La brèche est profonde et la falaise mortellement blessée.

Signé à gauche, en bas : *Henry Moret.*

Toile. — Haut. : 72 cent. ; larg. : 59 cent.

MORET

(HENRY)

119 — *Les Batteurs d'orge (Bretagne).*

Dans l'enclos de pierre, les paysans sur l'aire battent l'orge.

Ils battent l'or, plutôt tant, vif et chaud, s'étire sous leurs fléaux le tapis de la paille jaunie.

Signé à gauche, en bas : *Henry Moret, 91.*

Toile. — Haut.: 55 cent.; larg.: 64 cent.

MORET

(HENRY)

120 — *Falaise à Belle-Isle.*

Déchiquetée en quatre pointes, la falaise, ocre, brune, rousse, rose, assaille la mer.

Mais le flot calme et profond, d'un vert aigu, dédaigne l'assaut du roc. Demain, jour de tempête, il prendra sa revanche.

Signé à gauche, en bas : *Belle-Isle-en-Mer, 1897, Henry Moret.*

Toile. — Haut.: 59 cent.; larg.: 72 cent.

MORET
(HENRY)

121 — *Champs et manoir.*

Dans les dépendances du manoir, la vieille femme s'avance, panier au bras.

Sur le ciel, la tour ronde, là-bas, se profile et des toitures se tassent aux ras des prairies.

Signé à gauche, en bas : *Henry Moret.*

Toile. — Haut.: 54 cent.; larg.: 74 cent.

MORET
(HENRY)

122 — *Le Pâturage sur la falaise.*

Signé à gauche, en bas : *Henry Moret.*

Toile. — Haut.: 54 cent.; larg.: 80 cent.

MORET
(HENRY)

123 — *Brume à Belle-Isle.*

Toile. — Haut.: 56 cent.; larg.: 80 cent.

Berthe Morisot

“Le temps n'est plus où l'on pouvait faire preuve d'intuition et récolte de gloire en défendant l'impressionnisme. Le procès se trouve dès longtemps entendu, jugé, et il faudrait, pour continuer la lutte, imaginer de chimériques adversaires. A l'heure présente, une histoire de la peinture, quelque peu renseignée, ne se clôt pas sans enregistrer la part qui revient à l'impressionnisme dans le progrès de l'Art moderne. Son importance a été deux fois consacrée par l'État : lors de l'Exposition centennale de 1889, où les chefs du groupe furent mis au rang des maîtres du siècle, puis, naguère, quand le Musée du Luxembourg accueillit, malgré les ricanements de l'Institut, la collection léguée par Caillebotte. En province, hors de France, partout, des amateurs se sont formés, des galeries ouvertes. Qui saurait donc parler, aujourd'hui, de discussions à soutenir, de public à convaincre ?

L'impressionnisme, définitivement admis, classé, est presque classique ; mais si son rôle historique n'est plus contesté, il reste à différencier les personnalités, à définir les voies individuellement suivies pour atteindre le but commun.

L'effort de chacun est connu de façon incomplète, fragmentaire ; pour qu'il se trouve récapitulé, il faut le deuil d'une exposition posthume, l'inique rançon d'une fin prématurée venant acquitter le privilège d'une sensibilité exacerbée. Ainsi en est-il allé pour Caillebotte, disparu à quarante-six ans; ainsi pour Berthe Morisot.

Ceux qui s'étaient intéressés le plus vivement à la vaillante artiste n'avaient pu fonder leur sympathie que sur le vu de rares œuvres. Elle aimait tant faire le silence autour de sa gloire et cacher sa production! Une cinquantaine de numéros seulement étaient inscrits au catalogue de l'unique exposition particulière que Berthe Morisot ouvrit, fort discrètement, d'ailleurs, dans l'entresol de Goupil en mai 1892. Or, tout d'un coup, l'atelier déserté livre le secret des études accumulées, le labeur d'une carrière pleinement remplie se révèle; l'œuvre est offerte au jugement public intégralement presque, et, de la redoutable épreuve, la renommée de Berthe Morisot sort fortifiée, agrandie, triomphante devant la postérité.

* * *

Par une fortune bien rare dans l'histoire de l'Art, Berthe Morisot échappe à la loi qui voue la femme à la stérilité de l'invention, à la passivité et au pastiche. La sympathie qu'elle a ressentie à certains moments pour la peinture de Manet, de Monet, de Renoir, n'est point contestée; mais l'influence fut trop faible, trop passagère pour porter atteinte à l'originalité foncière. Nul danger que les générations à venir hésitent à distinguer entre tous les tableaux de Berthe Morisot; ils lui appartiennent en propre par la conception, le sentiment de la technique même. Le terme seul d'impressionnisme annonce une manière de percevoir et de noter qui est bien pour convenir à l'hyperesthésie et à la nervosité de la femme. N'a-t-elle pas toujours excellé à transcrire sur-le-champ, aussitôt éprouvées, les sensations très intenses, très aiguës, mais très immédiates, très rapides? Et ne trouverait-on pas aux tableaux de Berthe Morisot un équivalent assez exact dans les écrits de Mme Alphonse Daudet, dans ses *Impressions de Nature et d'Art* et dans ses *Alinéas,* par exemple? Chez l'une et chez l'autre se constate le même penchant à ne point viser aux compositions laborieuses, à se laisser inspirer par les spectacles de tous les instants, par les épisodes de l'existence familière. Berthe Morisot a reproduit l'image de ses proches, des scènes d'intimité, les sites et les aspects qui l'avaient ravie lors de ses séjours à la mer, aux environs de Paris, lors de ses voyages en Angleterre et à Nice. Dans ses tableaux que n'attriste aucune ombre, tout n'est que paix, calme et sérénité, tout sourit et tout enchante; je ne me rappelle aucune représentation de l'âge mûr due à Berthe Morisot, et l'homme, d'autre part, se trouve banni de sa peinture. Cet œuvre de femme est tout entier consacré à la femme; les êtres seuls qui y paraissent sont des enfants, parfois des fillettes, des jeunes femmes, de fragiles et heureuses créatures, « appartenant à des milieux d'éducation et de distinction » et saisies à l'improviste dans leurs plus coutumières allures; elles évoluent par la rue grise ou par les prairies ensoleillées et fleuries; elles sont surprises chez elles, dans le home, tantôt se distrayant à quelque travail de musique, de dessin, de couture, tantôt gravement occupées à s'éventer, à se mirer, à se parer. Comme Berthe Morisot sait indiquer les attitudes de rèverie, de nonchaloir ou de causerie, par les accoudements, les allongements, par de jolies inflexions du torse, par des retraites diagonales et des renversements paresseux du buste!

Comme elle rend par intuition, dans toute sa souplesse, son aisance, ce geste féminin dont la saisie a été refusée inexorablement à tant de praticiens fameux, détracteurs haïssables de la grâce, de l'élégance et de la beauté.

Chacun a reconnu aujourd'hui par où l'œuvre de Berthe Morisot se singularise et pourquoi il s'impose avec une pareille autorité. Sa carrière pourrait être, j'imagine, ainsi définie : un talent qui s'est développé, en toute quiétude, selon la logique du sexe et du tempérament, sans s'égarer et désirer jamais d'autres suggestions que celles fournies par l'instinct; un art de quintessence toute particulière à la réalisation duquel se sont victorieusement employés les dons les plus précieux, l'appareil d'un organisme sensible à l'extrême et surtout une infinie tendresse d'âme, éternel privilège de l'éternel féminin."

ROGER MARX.

MORISOT
(BERTHE)

124 — *Mélancolie.*

C'est le grand poème, mélancolique et muet, de toute la douleur résumée des Épouses et des Mères. Dans la chambre où subsiste la seule gaieté des fleurs, elle s'est assise pour croiser ses mains pâlies au satin noir de la Robe des veuves.

A Bébé, on voulut épargner la peine de quitter les tabliers roses. Dans le deuil qu'il ignore, il reste joyeux et frais comme un printemps. N'a-t-il pas couru à la fenêtre pour voir si papa, bientôt, va rentrer? Avec une émouvante bonté, la tante encourage cette naïve ignorance : elle soulève le rideau...

Signé en bas, à droite : *Berthe Morisot.*

Toile. — Haut.: 60 cent.; larg.: 73 cent.

MORISOT
(BERTHE)

125 — *Paysage.*

Signé à gauche : *Berthe Morisot.*

Toile. — Haut.: 36 cent.; larg.: 43 cent.

MORREN

126 — *Les Pavots.*

Signé à gauche, en bas : *Morren, 1892.*

Toile. — Haut.: 54 cent.; larg.: 67 cent.

NAZON

127 — *Fontainebleau.*

Panneau. — Haut.: 29 cent.; larg.: 44 cent.

OSBERT

(A.)

128 — *Élégie du Soir.*

Le bois profond est d'une beauté mélancolique dans le velours déployé de la nuit qui s'appesantit sur le décor.

Une figure en valeur sur le fond des verdures.

Au loin, à droite, le crépuscule orange sur les bois mauves.

Signé à droite, en bas : *A. Osbert.*

Panneau. — Haut.: 36 cent.; larg.: 55 cent.

PETITJEAN

(HIPPOLYTE)

129 — *Femme couchée.*

Dans la clairière parsemée de trèfle incarnat, au milieu de la ceinture discrète des taillis, elle s'est étendue sur l'herbe. La jambe droite ramenée sous la jambe gauche, elle arc-boute son avant-bras droit sur le coude et les doigts.

Signé à gauche, en bas : *Hipp. Petitjean, 1894.*

Toile. — Haut.: 39 cent.; larg.: 55 cent.

PETITJEAN

(HIPPOLYTE)

130 — *Le Bois sacré.*

Signé à droite, en bas : *H. Petitjean, 1891.*

Toile. — Haut.: 73 cent.; largeur : 1 mètre.

PETITJEAN

(HIPPOLYTE)

131 — *Paris, Abside de Notre-Dame.*

Signé à droite, en bas : *H. Petitjean, 94.*

Panneau. — Haut.: 15 cent.; larg.: 23 cent.

PETITJEAN

(HIPPOLYTE)

132 — *Entrée de village.*

Au dos du panneau : *Un étang.*
Signé à gauche : *H. Petitjean, 94.*

Panneau. — Haut.: 25 cent.; larg.: 16 cent.

Camille Pissarro

“Ceci n'est pas précisément un commentaire. Je n'analyserai point, je ne discuterai point. J'ai idée que rien ne doit être omis de ce qui peut contribuer à l'histoire — même anecdotique — d'une œuvre. Aussi prendrai-je ici la permission de noter une courte fantaisie, relative à l'un des tableaux de Pissarro, qui figure en ce catalogue.

J'entends parler du *Pont de Rouen. Brouillard.*

Cela date de 1896, au temps où, pour quelques semaines, je devais, à Rouen, renouer connaissance avec l'horreur des casernes et l'autorité des caporaux.

Par mille subterfuges, je fuyais le *devoir de tout bon Français* et, du problème angoissant de la vie militaire, j'éliminais en hâte l'inconnue redoutable des exercices et des corvées.

Vous dire tous mes moyens, ce n'est pas ici l'endroit; mais vous avouer l'un d'eux, c'est pleinement de circonstance. Certain soir, sur un quai de la ville, je rencontre Pissarro. Il rentrait à son hôtel, dans l'ombre croissante d'un crépuscule sali de pluie. Je m'enquiert. J'apprends que le maître est venu peindre les brumes argentées du « pot de chambre de la Normandie ». Je retiens le nom de l'hôtel, le numéro de la chambre, et je m'annonce pour le lendemain.

C'étaient, dans le rectangle des quatre murs, douze grandes toiles — qu'on vit depuis à Paris — et des études, petites et grandes — toutes inspirées par le fleuve superbe et ses ponts, à des heures diverses.

Il y avait des matins et des soirs, des midis aussi; le moment où les fumées de Saint-Sever se tordent sur le ciel orangé était noté, et aussi celui où les coteaux de Bon-Secours dessinent dans des lointains ouatés de blanc d'argent pulvérisé leurs ossatures ou escarpées ou glissantes, vers la côte Sainte-Catherine ou les pentes d'Eauplet.

Fenêtre ouverte, Pissarro, au-dessus du tumulte actif des quais, dominant le décor étonnant, mettait la dernière main à l'une de ces grandes toiles.

Je passai là deux heures dans l'atelier improvisé et j'oubliai, en conversations, en discussions même, le *si* bémol des clairons et les subtilités de la *théorie*.

J'avais, dans mon malheur, une chance : c'était d'être entre les mains d'un officier particulièrement typique. Il était révolutionnaire. Il y en a.

Quelques jours auparavant, il m'avait surpris dans la lecture des *Temps nouveaux* et, loin de punir, m'avait emprunté le journal en me priant pour l'avenir de ne pas déchirer les numéros sans les lui remettre. J'ai su depuis qu'il avait pris à leur lecture un plaisir extrême.

D'un coup, j'eus l'idée de mettre à profit l'anarchie de mon chef. Je lui parlai de Pissarro, de l'impressionnisme, du petit atelier, des douze tableaux. Un désir le piqua — sur lequel je comptais — et il voulut voir. A ma suite, le même soir, vers cinq heures, il tournait dans les escaliers qui mènent aux mansardes de l'hôtel, et, heurtant chez Pissarro, j'annonçai : « Un officier impressionniste. »

— « Entrez donc! », dit, dans sa barbe blanche, le bon hôte. Et je poussai le visiteur devant quelques-unes des grandes toiles.

Sa surprise fut grande. C'était le décor de Bon-Secours — autant qu'il m'en souvienne — dans le brouillard du matin. Je ne disais mot, trop réjoui des cambrures de torse, des reculs, des trois pas en avant du curieux lecteur des *Temps nouveaux*, tour à tour incliné sur la toile, ou rejeté au fond de la pièce..... pour voir de plus loin et juger d'ensemble.

Puis, il prit avec soin et adresse, en veillant à ne pas bleuir de couleur ses gants rouges, précisément la petite toile que voici (55 × 46), le *Pont de Rouen. Brouillard.* Longtemps il scruta, fit jouer la lumière sur la couleur point sèche encore. Enfin, il se décida, reposant le tableau au chevalet : « Eh bien, non, voyez-vous, je ne suis pas encore assez anarchiste ! »

Il n'avait pas compris. Dans l'angle de la fenêtre, Pissarro continuait à peindre. Le soleil croulait sur Saint-Sever et mon officier était rouge jusque du côté des oreilles.

Que m'importait d'ailleurs qu'il comprit ou non. Je savais que maintenant il me laisserait tranquille puisqu'il s'était compromis au point de venir avec moi, dans une mansarde, se faire une opinion sur de la peinture *hors cadres !*

Mes calculs ne m'avaient, au surplus, pas trompé. Je ne fis plus jamais la corvée de quartier.

PASCAL FORTHUNY.

PISSARRO

(CAMILLE)

133 — *Coteaux du Vésinet.*

A l'horizon, c'est — pareille à une buée étirée — une ligne de collines. Puis un plan, plus proche, se mosaïque d'habitations sur le fond des plaines.

Puis, c'est une autre plaine, striée de lotissements réguliers.

Puis, c'est le massif des petits bois où les maisons s'enfoncent comme dans un feutre vert.

Puis, c'est le plateau où, très maniérés, les pommiers s'ingénient à des cambrures inédites.

Mais les vaches ne voient pas tout cela : car, sur le tapis des herbes grasses, elles ne doivent plus rester qu'une heure.

Goulûment, elles profitent de leur reste.

Signé à droite, en bas : *C. Pissarro, 1871.*

Toile. — Haut. : 65 cent. ; larg. : 43 cent. 1/2.

Collection Pellerin.

PISSARRO

(CAMILLE)

134 — *Le Pont de Rouen, Brouillard.*

C'est l'agitation des quais, les voitures un instant arrêtées, les ballots, les cheminées, les machines, les bras des grues métalliques étendus sur l'eau, une eau qui glisse vers les arches du pont, dans une brume d'argent *vibrant*.

Le pont lui-même enjambe cette eau étrange, insaisissable. L'arche *vibre* dans l'air.

Le ciel, du même blanc d'argent, est habillé comme d'une soie très précieuse. Les quartiers laborieux, par-dessus le pont, enlèvent dans l'espace leurs hautes cheminées d'usines.....

Signé à droite, en bas : *C. Pissarro, 96*.

Toile. — Haut.: 55 cent.; larg.: 46 cent.

PISSARRO

(CAMILLE)

135 — *Vue de Pontoise.*

De la hauteur qui domine la rivière et les peupliers dont, seules, les cimes dépassent à gauche, on voit, lorsqu'on est placé sous le grand arbre dont le tronc bizarre se dresse à droite, tout un horizon de campagnes semé de villages, de taches de maisons, de traînées de feuillages. Puis, plus près, c'est encore un damier de façades blanches, le coteau qui grimpe vers le ciel et, tout en haut, le clocher dans le troupeau bas des toitures.

Un mur blanc glisse du presbytère dans la vallée. Des roseurs s'obstinent parmi les blancs d'argent, les crèmes et les outremers tendres du ciel.

Signé à gauche, en bas : *C. Pissarro.*

Toile. — Haut.: 55 cent.; larg.: 46 cent.

PISSARRO
(CAMILLE)

136 — *Rue de village.*

C'est une rue de petite ville qui s'enfonce entre des murs gris, aux premiers jours de l'hiver.

La rangée des arbres est dépouillée de feuilles.

Le temps est douteux. Il fait gris. Il y a pourtant du monde dehors; une blouse bleue, une jupe rouge, une coiffe blanche.

Signé à droite, en bas : *C. Pissarro, 87.*

Toile. — Haut. : 36 cent. 1/2; larg. : 27 cent.

PISSARRO
(CAMILLE)

137 — *Soleil levant.*

Le pré — humide sous la rosée que l'aube naissante n'a pu boire encore — se prolonge par d'autres prés, après des haies et des arbres.

C'est l'automne bientôt, car le rideau des futaies, au loin, est fané déjà, et mélancoliquement roux.

Péniblement, dans un ciel qu'il va devoir conquérir, le soleil commence sa course.

Signé à droite, en bas : *C. Pissarro, 1894.*

Toile. — Haut. : 38 cent.; larg. : 46 cent.

PISSARRO
(CAMILLE)

138 — *La gardeuse de vaches.*

Signé à droite, en bas : *C. Pissarro, 1871.*

Toile. — Haut.: 33 cent.; larg.: 41 cent.

PISSARRO
(CAMILLE)

139 — *Sous bois.*

Signé à gauche, en bas : *C. Pissarro.*

Panneau. — Haut.: 27 cent.; larg.: 21 cent. 1/2.

PISSARRO
(GEORGES)

140 — *Le Paon.*

Signé à droite, en bas : *Georges Pissarro, 94.*

Toile. — Haut.: 92 cent.; larg.: 73 cent.

QUATRE

(HENRI)

141 — *La Houppette.*

Signé à gauche, en haut : *Henri Quatre, 96.*

Panneau. — Haut. : 31 cent. ; larg. : 40 cent.

QUOST

(E.)

142 — *Fleurs.*

Dans un grès bleu, des fleurs rouges et blanches. Sur la table, au pied du vase, à droite, quelques pétales effeuillés.

Signé à droite, en bas : *E. Quost.*

Toile. — Haut. : 47 cent. ; larg. : 36 cent.

Renoir

“Voici, avec M. Renoir, du grand art nouveau, de l'art de point de départ. Parmi les impressionnistes de la première heure, M. Renoir attire à lui une curiosité toute spéciale, parce que, parmi eux (sans qu'on puisse autrement sans doute que par des goûts particuliers déterminer une prééminence), il fut le plus séduisant. Il fut le plus évolutif aussi, car déjà en pleine possession d'un métier puissant et souple, rendant à merveille les vibrations de la lumière par un savant entre-croisement de virgules colorées, ayant accompli, grâce à cette technique légère, savante et subtile, de belles œuvres, ayant attaqué la reproduction de la figure humaine avec ces moyens les moins puissants pour y réussir, selon les dires de ses contemporains, ayant obtenu le modelé et la coloration et l'exactitude à laquelle il tendait, il se modifia et tenta une autre peinture à teintes plus plates, fondues, apparentée au faire des primitifs. Ce n'est point sans exemple, mais c'est toujours au plus haut point intéressant de voir un artiste, arrivé à une expansion de personnalité suffisante pour remplir et glorifier une carrière, s'arrêter et chercher à des rêves, sans doute, survenus plus compliqués ou différents, le rêvetement d'une manière nouvelle, et c'est bien de n'être point satisfait des premiers résultats fixés, fussent-ils très beaux. Car la vérité n'a point qu'une face, mais bien des faces successives ou apparemment différentes, selon le nombre de voiles qu'on a su faire tomber de devant elle, et d'ailleurs, y a-t-il dans les arts plastiques une vérité, mais plutôt n'y a-t-il point des façons diverses de saisir les changeantes apparences qui sont leur domaine ? C'est peut-être l'erreur de certains groupes impressionnistes, notamment des pointillistes, de croire à la nécessité absolue et en toutes circonstances d'une technique déterminée, et espérée complètement scientifique; cela explique, chez certains des plus récents et non des moins doués, leur singulière aptitude à traduire les colorations de la nature, à les enrichir même, et leur échec devant le portrait. Évidemment les impressionnistes sont les maîtres actuels du paysage français; ils continuent logiquement et de façon séduisante, Rousseau, Corot et Millet, ayant agrandi leur domaine, en ayant divulgué des coins secrets et des minutes inédites. Si Monet triomphe dans les irisations de la mer et de la brume, Renoir excelle aux jardins ensoleillés où le jeu des feuilles fait osciller sur le sol des taches d'ombre auprès des taches d'or. Mais Renoir est surtout le peintre de la femme; il ne la peint pas, aigu et satirique comme Degas, il est au contraire et surtout doué de charme.

Par cette préoccupation du joli, sans oubli de la vérité, il s'unit aux maîtres du XVIIIe siècle français, comme par son talent il s'y égale. Il a, comme eux, le souci de la grâce, de l'élégance, et des allures joueuses, presque dansantes de la femme saisie, en ces minutes de joie, d'un coup de pinceau preste; ce sont deux mobilités qui luttent de vitesse que la technique de Renoir et ces grâces fugitives qu'il fige et fixe souriantes. Par la modernité du sujet, il s'allie à un Saint-Aubin. On consultera comme des pages de chronique, en même temps qu'on les admirera, les pages des gaietés de notre temps, ces soupeuses réunies sous la tente lumineuse dans les claires gaietés des Bougivals et ces peintures de canotages vers Cythère. "

GUSTAVE KAHN.

RENOIR

(PIERRE-AUGUSTE)

143 — *Au jardin, deux femmes assises.*

C'est l'heure ensoleillée. Dans un peu d'ombre qu'elles ont pu trouver, elles se sont assises.

L'une au premier plan, avec sa robe blanche mouchetée de taches d'ombres dansantes; l'autre un peu en arrière, tout en bleu, avec le corsage vaguement entr'ouvert qui montre des blancheurs de chemise, des roses de chair. Une rivière, verte comme un pré, passe molle, à côté d'elles, dans les roseaux.

Tout alentour, c'est la végétation luxuriante des pelouses et des bosquets épais.

Signé à gauche, en bas : *Renoir*.

Toile. — Haut.: 73 cent.; larg.: 60 cent.

RENOIR

(PIERRE-AUGUSTE)

144 — *Le Déjeuner.*

C'est, clair et chaud asile, la salle à manger où le soleil d'un beau jour allume des ors sur la croûte du pain, avive des argents au flanc des vaisselles et jette des rubis tremblants dans le joli cristal des verres.

Lui et elle interrompent le repas. Une joie douce leur monte du cœur aux yeux. Sans se parler, ils se regardent. Ils sont délicieusement heureux de cette journée où dans un petit restaurant de banlieue, ils se cachent, loin de Paris, loin des indiscrets.

Lui est rouge : ce matin, il a ramé.

Tout à l'heure il ramera encore; que cette bouteille soit bue et vous le verrez, sous son chapeau jaune, retourner vers la rive, vers la barque, pour promener, au fil de l'eau, l'Aimée.

Signé à droite, en bas : *A. Renoir.*

Toile. — Haut.: 61 cent.; larg.: 50 cent.

RENOIR

(PIERRE-AUGUSTE)

145 — *La Dormeuse.*

Sur le fond sombre, la tête se découpe, assoupie, rosée aux joues, dorée aux cheveux.

L'oreille s'enroule comme un ingénieux et rare coquillage et une lumière très douce se pose à l'aile du nez, aux plans glissants du menton et du cou.

Signé à droite, en bas : *R.*

Toile. — Haut.: 45 cent.; larg.: 37 cent.

RENOIR

(PIERRE-AUGUSTE)

146 — *Femme vue de dos.*

Elle semble nacrée de la nacre des coquillages, ainsi vue de dos. La ligne est à la fois souple et pleine de sa nuque à son dos, de sa joue rosée à son bras, à son sein.

Les cheveux sont noirs. Un morceau de manteau bleu s'indique à gauche, en bas.

Signé à droite, en bas : *R.*

Toile. — Haut.: 27 cent.; larg.: 22 cent.

RENOIR

(PIERRE-AUGUSTE)

147 — *Jeune femme à l'ombrelle.*

Sous le grand soleil, l'ombrelle toute petite, blanche avec un ruban rouge, juste assez pour abriter le visage, les cheveux dénoués, un peu d'épaule.

A droite, un vieux saule, complaisant, se penche et offre son rare feuillage.

Au delà, la rivière, moire bleue....

Toile. — Haut.: 25 cent.; larg.: 19 cent.

RENOIR

(PIERRE-AUGUSTE)

148 — *Garçonnet.*

Signé en haut : *A. R.*

Toile. — Haut.: 30 cent.; larg.: 23 cent.

RENOIR

(PIERRE-AUGUSTE)

149 — *Le Pêcheur.*

Toile. — Haut.: 30 cent.; larg.: 35 cent.

Vente Doria.

ROBBE

(MANUEL)

150 — *La Promenade.*

Signé à gauche, en bas : *Manuel Robbe.*

Toile. — Haut. : 34 cent. ; larg. : 24 cent.

ROBBE

(MANUEL)

151 — *Mélancolie.*

Signé à droite, en bas : *Manuel Robbe.*

Panneau. — Haut. : 42 cent. ; larg. : 57 cent.

SAISSAUD

152 — *Les Causses, Lozère.*

Signé à droite, en bas : *Saissaud.*

Toile. — Haut. : 42 cent. ; larg. : 61 cent.

Alfred Sisley

“TOUTE son existence fut en proie à la lutte, à l'inquiétude. Il a été sans cesse à la peine, et n'a guère été à l'honneur. La veille de sa mort, il connaissait les mêmes affres qu'au jour de ses débuts. Que dis-je ? il n'y a ni tristesse ni désespoir à l'heure de l'entrée dans la vie, mais quelle mélancolie et quelle amertume doivent être celles de l'artiste vieilli, chargé de famille, et forcé de résoudre au jour le jour la terrible difficulté de vivre.

Pourquoi ne pas dire que ce fut le sort de Sisley, puisqu'il le supporta avec cet héroïsme farouche et caché qui ennoblit si mystérieusement la vie des solitaires ? S'il gémit et désespéra, ce fut en secret, et non pour lui, mais pour les siens. Pour lui, j'affirme, avec ceux qui l'ont connu tout au long de sa carrière, qu'il n'eut jamais que la préoccupation de son art, l'orgueil de vaincre la nature en ce combat journalier que livre l'artiste, l'espoir qu'il aurait fixé sur ses toiles un peu de la beauté fugitive des choses éternelles.

Cet espoir n'aura pas été trompé. Au jour où fut annoncée la mort de Sisley, après tant de souffrances volontairement et fièrement dissimulées, il y eut un tressaillement dans tout le public renseigné. Les toiles possédées par ceux qui avaient été les croyants des anciens jours prirent soudain un prestige nouveau, et toutes celles qui attendaient par le monde le caprice des amateurs furent immédiatement recherchées : le classement dont je parlais commençait de se faire, Alfred Sisley prenait la place qui lui était légitimement due dans la glorieuse lignée des paysagistes qui ont célébré la beauté des saisons et le charme de l'heure. Tout musée, toute galerie qui prétendent aujourd'hui à raconter l'histoire du grand art de notre siècle, raconteraient incomplètement cette histoire s'il ne présentaient pas, à leur date, les peintures douces, délicates, lumineuses, frissonnantes, qui correspondent aux divers moments de l'évolution du talent d'Alfred Sisley.

Sisley a vécu de la vie désintéressée et profonde du paysagiste amoureux de nature, et malgré les chagrins et les douleurs qu'il eut à supporter, on est autorisé à croire qu'il eut, aux heures enchantées du travail, la joie pure de l'oubli, et qu'il a trouvé la sérénité et le bonheur exprimés par son œuvre de lumière et de vérité. "

Gustave Geffroy.

SISLEY

(ALFRED)

153 — *Soleil de printemps, Tournant du Loing.*

Luisances d'eau, friselis de lumière sur les hauts feuillages, quatre troncs de platanes tendus comme des cordes de harpes sur un vibrant horizon d'eaux, de coteaux, de nuées fluidiques, reflets de maisons au cristal qui court, éclaboussements de clartés sur les écorces, dentelles des cimes d'arbres sur le velours incandescent des lointains, ainsi, ce jour-là, Sisley fit le Soleil captif.

Signé à droite, en bas : *Sisley*, *92*.

Toile. — Haut. : 60 cent. ; larg. : 73 cent.

SISLEY
(ALFRED)

154 — *Printemps pluvieux.*

Dans le pré vert, les lotissements rectangulaires.

A gauche, le pommier qui s'empanache de neige blanche, la neige des fleurs de mai.

La maison du villageois.

Par-dessus tout, le coteau alourdi de verdures et le ciel saupoudré de cendre.

Signé à gauche, en bas : *Sisley, 79.*

Toile. — Haut.: 56 cent.; larg.: 46 cent.

SISLEY
(ALFRED)

155 — *Coup de vent du Sud-Ouest, Effet du matin, Angleterre.*

Écrasée comme les bas plis d'une jupe trop longue, la falaise mauve plonge, traîne dans l'océan.

Déchiquetée par la vague, qui, accourant de droite, l'assaille, elle s'en va par morceaux.

Des brumes, au loin, voilent l'horizon.

Signé à gauche, en bas : *Sisley, 97.*

Toile. — Haut.: 65 cent.; larg.: 54 cent.

SISLEY

(ALFRED)

156 — *Les Sablons.*

A la sortie du bois — sans feuilles encore — la route tourne, longe la ferme, côtoie les champs morcelés en lots roux ou bien verts.

Cette vieille femme qui a un tablier bleu, connaît bien le chemin.

Signé à droite, en bas : *Sisley, 86.*

Toile. — Haut.: 55 cent. 1/2; larg.: 38 cent. 1/2.

Vente Clapisson.

SISLEY

(ALFRED)

157 — *Faisan.*

Sur la table de cuisine, on l'a posé raidi, pattes en l'air, et le bec renversé.

Ce matin encore, comme une pierrerie qui vole, il s'enlevait du côté du soleil.

Il reste beau dans l'anse double de ses deux ailes, arrondies autour de lui, comme les bords d'un nid.

Signé à gauche, en bas : *Sisley.*

Toile. — Haut.: 56 cent.; larg.: 38 cent.

Collection Hayashi.

SISLEY
(ALFRED)

158 — *Le Loing à Moret.*

C'est une lumière extrêmement discrète, ouatée, feutrée, qui habille la colline boisée, les maisons banales alignées au bord du flot, la rivière d'ardoise miroitante, la berge, la balustrade et la bonne dame en fichu bleu qui s'y est accoudée un instant.

Malgré l'azur qui transparaît à l'écran des nuages, le temps restera gris tout le jour.

Signé à droite, en bas : *Sisley.*

Toile. — Haut.: 34 cent.; larg,: 40 cent.

SISLEY
(ALFRED)

159 — *Chemin à Louveciennes.*

Comme taillée dans la craie, la petite maison, au bout du chemin, découpe sur le ciel alourdi de nuées basses son pignon où les volets jettent une note verte.

A droite, à gauche, des propriétés boisées derrière des balustrades.

Dans l'ombre des grands arbres, un homme, vêtu de bleu, s'est arrêté. Qui sait ?...

Il est peut-être tenté par les pommes rouges que protègent certainement mal les clôtures.

... Mais il y a quelqu'un, là-bas, sur la route.

Il attendra.

Signé à droite, en bas : *Sisley.*

Panneau. — Haut.: 18 cent. 1/2; larg.: 23 cent.

Toulouse-Lautrec

“De longtemps artiste tel que M. Henri de Toulouse-Lautrec ne s'est rencontré et peut-être son autorité vient-elle de l'accord des facultés, j'entends de l'accord de la pénétration d'analyse, avec l'acuité des moyens d'expression. Par son observation cruelle, implacable, M. Toulouse-Lautrec se rapproche des Huysmans, des Becque et aussi des Constantin Guys, des Degas et des Forain, de tous les maîtres qui affichèrent sur la physionomie extérieure, sur le masque, l'intimité du tempérament, de l'être.

Il n'est pas sans curiosité de remarquer de quelle fidélité de point de vue, d'angle visuel, M. Toulouse-Lautrec a témoigné : certes le progrès a été constant; sans arrêt, parallèlement, se sont amplifiés les dons natifs : les dons du penseur, du satiriste, et les dons du dessinateur parvenant à une consignation de formes, toujours plus saisissante, et les dons du peintre affinant sans cesse sa palette, arrivant à des tons, des ocres et des carmins surtout, d'une qualité délicieuse; mais tout de même les premiers ouvrages contiennent bien en germe les créations d'aujourd'hui.

Avec la confiance, avec la volonté des puissants, avec une absolue quiétude, M. Toulouse-Lautrec poursuit, réalise l'œuvre pressenti, dès l'abord annoncé. Œuvre singulièrement révélatrice des mœurs de ce temps, où l'humanité est surprise, fixée dans son geste, dans la particularité de ses attitudes, de ses manières d'être et de paraître, dans ses dehors et dans son essence. ”

Roger Marx, 1896.

TOULOUSE-LAUTREC

160 — *Femme assise.*

Dans la paix et l'ombre tiède d'un jardin où les allées sinueuses se frangent d'arbres alignés, une femme assise, appuyant son avant-bras gauche au fauteuil.

Le corsage noir est défait et les étoffes claires apparaissent, enserrant la gorge pleine.

Les cheveux blonds, peignés sans coquetterie, sont en valeur, exquisement, sur l'arrière-plan des verdures.

Signé à droite, en haut : *T. Lautrec, 91.*

Panneau. — Haut. : 68 cent. ; larg. : 51 cent.

Collection Murat.

TOULOUSE-LAUTREC

161 — *Mélinite.*

Elle est venue en fiacre et, lassée avant que d'avoir dansé, elle s'avance par l'entrée des artistes. Son réticule de peluche mordorée pend à son bras gauche. Son boa monte haut. Les cheveux roux, la lèvre pourpre, l'œil fatigué, le teint anémié, la coquetterie de la coiffure verte et mauve : la Noce.

A un clou, un veston et un chapeau d'homme.

Signé à gauche, en bas : *T. Lautrec.*

Panneau. — Haut. : 162 cent. ; larg. : 55 cent.

VAN GOGH
(VINCENT)

162 — *Roses trémières.*

Signé à gauche, en bas : *Vincent.*

Toile. — Haut.: 92 cent.; larg.: 50 cent.

VAN GOGH
(VINCENT)

163 — *Mes Souliers.*

Signé à droite, en bas : *Vincent, 87.*

Toile. — Haut.: 32 cent. 1/2; larg.: 39 cent.

VIGNON
(VICTOR)

164 — *La Laveuse.*

Signé à droite, en bas : *Vr Vignon, 84.*

Toile. — Haut.: 32 cent.; larg.: 41 cent.

VOGLER
(PAUL)

165 — *Arbres en fleurs.*

Signé à gauche, en bas : *P. Vogler.*

Toile. — Haut. : 53 cent. ; larg. : 65 cent.

VUILLARD
(E.)

166 — *A table.*

Pour avoir vieilli en portant de sévères jugements sur le temps, les gens et les choses, cette dame a un masque d'impassibilité soupçonneuse qui, dans la pénombre de la fin du jour, se profile sur les boiseries et les papiers peints qu'il y a longtemps, fidèle à son bon goût, elle choisit avec autorité.

Ce soir, devant ces natures mortes auxquelles elle renonce, elle songe que c'est bien fâcheux de voir, si vite, tomber la nuit et que, si elle veut continuer à repriser la robe rouge qui, sur le panier à ouvrage, l'attend, il faudra qu'elle allume la lampe.

Signé à gauche, en bas : *E. Vuillard.*

Panneau. — Haut. : 36 cent. ; larg. : 34 cent. 1/2.

VUILLARD

(E.)

167 — *Au Coin du feu.*

Signé à gauche, en bas : *E. Vuillard.*

Panneau. — Haut.: 26 cent.; larg.: 40 cent.

VUILLARD

(E.)

168 — *L'Intruse.*

Signé à droite, en bas : *E. Vuillard.*

Panneau. — Haut.: 27 cent.; larg.: 59 cent.

WAGNER

(T.-P.)

169 — *Étude de nu.*

Signé à gauche, en bas : *T. P. Wagner.*

Toile. — Haut.: 27 cent.; larg.: 26 cent.

WURTH

(XAVIER)

170 — *Pommiers en fleurs.*

Signé à droite, en bas : *X. Wurth.*

Toile. — Haut. : 45 cent. ; larg. : 32 cent.

ÉCOLE FRANÇAISE

171 — *La Martyre.*

Panneau. — Haut. : 50 cent. ; larg. : 37 cent.

INCONNU

172 — *Le Village.*

Toile. — Haut. : 21 cent. ; larg. : 26 cent.

Pastels

Aquarelles et Dessins

Pastels
Aquarelles et Dessins

ANQUETIN

173 — *Au Bois.*

Le chapeau à brides couronné de roses roses, le ruban vert clair, le sourire mutin.

Dans l'allée, au loin, les officiers à cheval, les voitures.

C'est l'heure où le bois vit sa vie galante, jolie, ensoleillée...

Pastel. — Haut.: 60 cent.; larg.: 50 cent.

BINET
(R.)

174 — *Vue de Venise.*

Aquarelle.

Signé à droite, en bas : *Venise*, *R. B.*

Haut.: 8 cent. 1/2; larg.: 13 cent.

BOTTINI
(GEORGES)

175 — *Toréador et Gitanas.*

Aquarelle.

Signé à droite, en bas : *Georges Bottini, 97.*

Haut.: 20 cent.; larg.: 17 cent.

BOTTINI
(GEORGES)

176 — *Maison close.*

Aquarelle.

Signé à droite : *Georges Bottini, 98.*

Haut.: 25 cent. 1/2; larg.: 20 cent. 1/2.

BOUDIN
(EUGÈNE)

177 — *Crépuscule.*

Pastel.

Signé à gauche, en bas : *E. B.*

Haut.: 15 cent.; larg.: 22 cent.

BOUDIN
(EUGÈNE)

178 — *Marine.*

Pastel.

Signé à droite, en bas : *E. Boudin.*

Haut.: 15 cent.; larg.: 21 cent.

BROWN
(JOHN LEVIS)

179 — *Cavalier.*

Pastel.

Signé à gauche, en bas : *John Levis Brown.*

Haut.: 27 cent.; larg.: 19 cent.

CHERET
(JULES)

180 — *La Femme aux cheveux roux.*

Pastel.

..... violet, indigo, bleu, vert, jaune, orange, rouge.....

Signé à gauche, en bas : *J. Cheret.*

Toile. — Haut.: 40 cent.; larg.: 27 cent. 1/2.

COLLIN
(LOUIS)

181 — *Soleil d'hiver.*

Pastel.

Signé à gauche, en bas : *L. Collin.*

Haut.: 34 cent.; larg.: 49 cent.

COLLIN
(LOUIS)

182 — *Les Marins russes à Paris.*

Pastel.

Haut.: 28 cent.; larg.: 32 cent.

COLLIN
(LOUIS)

183 — *Crépuscule sur les Alpes.*

Pastel.

Signé à gauche, en bas : *Louis Collin.*

Haut.: 34 cent.; larg.: 26 cent.

COLLIN

184 — *Le Village.*

Pastel.

Signé d'un anagramme : *Nilloc.*

Haut.: 35 cent.; larg.: 44 cent.

CONDER

(CHARLES)

185 — *Baigneuses.*

Botticelliesques, quatre femmes sortent de l'eau. Elles cadrent leurs grâces fortes dans l'envolement décoratif des voiles noirs, mauves, jaunes et bleus.

Un arbre à droite; des rameaux fleuris de roses sauvages, à gauche.

Au loin, la mer, la falaise et des nuées aux contours harmonieux et pleins.

Signé à droite, en bas : *Charles Conder : fév. 96.*

Gouache et aquarelle sur soie. — Haut.: 32 cent.; larg.: 45 cent.

Degas

“Le sculpteur grec suivait les jeux de l'hippodrome et du stade, prenait ses modèles au gymnase et à la palestre; l'artiste moderne a recherché pareillement autour de lui, les spectacles où le corps humain s'active et où il prête à des aspects infiniment changeants, dans les phases successives de l'effort. Degas fréquente le champ de courses, le cirque, le théâtre : la qualité des lignes, des couleurs, des mouvements le frappe : puis à la jouissance du peintre s'oppose la déception de l'analyste percevant, à travers le faste éblouissant de la mise en scène, la vulgarité des acteurs et le tourment de leurs soucis misérables; de clandestines nuances d'âme transparaissent et se déchiffrent sous les agaceries des coryphées, sous la gravité des jockeys glabres, sous le rictus forcé des filles et des chanteuses de café-concert; l'illusion s'évanouit et la douloureuse contrainte s'avère de l'être en décor et en représentation. Fêtes pour le regard, ces courses, ces ballets, mais de quelle rançon se paient nos joies et quelles manœuvres abêtissantes les préparent!

Pour les surprendre, Degas erre du foyer et des coulisses à la classe de danse; il assiste à la torture des membres qui se disloquent et se désarticulent; il voit les corps grossièrement équarris s'infléchir, pirouetter, et la roideur des jambes se rompre au difficile métier des jetés et des chassés, des battements et des entrechats;

il dévisage la ballerine à tous les instants de travail, de repos ou de parade, avec la curiosité d'un esthète raffiné et d'un ironiste méprisant. La colère ou la pitié avait excité Daumier, Millet à faire œuvre de peintres sociaux; rien ne trouble chez Degas la quiétude d'un flegme impassible ; ses tableaux du labeur, du plaisir et du vice valent par le seul prix de la vérité exacerbée et de l'exécution parfaite. Une harmonie à la Van der Meer ou à la Chardin met tout à son plan dans ces intérieurs qui sont : des offices de marchands de coton à la Nouvelle-Orléans, des ateliers de repasseuses s'évertuant parmi les vapeurs des linges humides et des réchauds, des boutiques animées par les gesticulations des modistes qui caquettent, s'accoudent et jettent leurs torses las au travers des coussins et des tables : partout triomphe la découverte des allures professionnelles.

Une haine du mensonge, de l'artificiel, de l'à-peu-près qui exige de toute œuvre une quintessence de vie et de réalité : un pessimiste outrancier et cruel revêtant d'exquises réductions de couleurs : la science la plus sûre mise au service de l'invention la plus imprévue : un talent robuste, accessible à toutes les délicatesses et à tous les dégoûts d'une civilisation vieillie : un sens de la modernité si aiguisé, qu'il découvre à force de pénétration, l'au-delà du contemporain, « l'éternel du transitoire. » — Ces signes, ces contrastes, ces dons font reconnaître Degas, artiste d'exception pour le vulgaire, en vérité le plus classique des maîtres qu'ait compté l'école nationale, au déclin du XIXe siècle. "

Roger Marx.

DEGAS

(EDGAR)

186 — *La Toilette.*

C'est tous les matins la même chose : il faut se laver. C'est monotone. Cependant la cruche et le pot à l'eau, de faïence rose, sont jolis, tentants. Et puis, il y a des fleurs bleues sur le papier du mur.

N'empêche que, très lasse avant de commencer, longuement, interminablement, les mains nouées sur la nuque, elle s'étire jusqu'à en faire craquer son corset noir.

Signé à gauche, en haut : *Degas.*

Pastel. — Haut.: 65 cent.; larg.: 50 cent.

Collection Hayaschi.
Collection Manzi.

DEGAS

(EDGAR)

187 — *Danseuses.*

Toutes trois dans l'attente du signe de M. le Régisseur.

L'artiste a écrit à droite, en haut : *vues de dessus :* du haut d'un balcon, peut-être.

L'une, la première à droite, a le maillot rose sous le tutu épanoui.

Signé à droite, en bas : *Degas.*

Pastel. — Haut.: 63 cent.; larg.: 47 cent.

DEGAS

(EDGAR)

188 — *Le Coucher.*

C'est sa coquetterie : elle aime se coucher toute nue. A quoi bon une chemise?

Sa seule pudeur, c'est de mettre un bonnet. L'oreiller, le rideau rouge, la couverture rose, sont les uniques témoins. Alors, qui cela peut-il gêner?

C'est sa coquetterie, elle aime se coucher toute nue.

Signé à gauche, en bas : *Degas.*

Pastel. — Haut.: 23 cent.; larg.: 44 cent.

DELACROIX

(EUGÈNE)

189 — *Le Phare.*

L'éperon du môle trouant la mer, émeraude polie sous les rouilles d'un ciel crépusculaire.

Le phare, des silhouettes sur la jetée. Un rocher au niveau de l'eau.

Aquarelle sur papier blanc. Timbre de la vente. — Haut.: 17 cent. 1/2; larg.: 29 cent.

Vente Choquet.

DELATRE
(E.)

190 — *Rue de village.*

Eau-forte en couleurs.

Signé à droite, en bas : *E. Delâtre.*

Haut.: 14 cent.; larg.: 23 cent.

DESBOUTIN
(MARCELLIN)

191 — *Le Sein.*

Aquarelle.

Signé à droite, en bas : *M. Desboutin.*

Haut.: 19 cent.; larg.: 25 cent.

ELIOT
(MAURICE)

192 — *Cimetière fleuri.*

Pastel.

Signé à droite, en bas : *Maurice Eliot.*

Haut.: 48 cent.; larg.: 64 cent.

D'ESPAGNAT
(GEORGES)

193 — *La Toilette de bébé.*

Pastel.

Signé à gauche, en bas : *G. d'E.*

Haut.: 44 cent.; larg.: 48 cent.

FERRÉ
(GEORGES)

194 — *Les Toits rouges.*

Pastel.

Signé à droite, en bas : *G. F.*

Haut.: 48 cent.; larg.: 28 cent.

FORAIN
(JEAN-LOUIS)

195 — *J'viens d'être nommé Sénateur, mes bons amis, — c'est vrai, mais mon élection m'a ruiné!*

Dessin à la plume et crayon bleu.

Signé à droite, en bas : *Forain.*

Haut.: 32 cent.; larg.: 25 cent. 1/2.

FOURNIER

196 — *Omnibus, Place de la Concorde.*

Pastel.

Signé à gauche, en bas : *Fournier.*

Haut. : 45 cent.; larg. : 38 cent.

GAUSSON

(L.-M.)

197 — *Le Sentier.*

Aquarelle.

Signé : *L. M. G., 1888.*

Haut. : 29 cent.; larg. : 20 cent.

GILBERT

(RENÉ)

198 — *Un coup à boire.*

Pastel.

Signé à droite : *R. G.*

Haut. : 39 cent.; larg. : 30 cent.

GUILLAUMIN
(ARMAND)

199 — *Peupliers à l'automne.*

Pastel.

Signé à droite, en bas : *Guillaumin.*

Haut.: 28 cent.; larg.: 33 cent.

GUILLAUMIN
(ARMAND)

200 — *Pont sur la Seine.*

Pastel.

Signé à droite, en bas : *Guillaumin.*

Haut.: 19 cent.; larg.: 31 cent.

GUILLAUMIN
(ARMAND)

201 — *Quais.*

Pastel.

Signé à droite, en bas : *Guillaumin.*

Haut.: 26 cent.; larg.: 37 cent.

GUILLAUMIN
(ARMAND)

202 — *Chemin de campagne, Soir.*

Pastel.

Signé à gauche, en bas : *Guillaumin.*

Haut. : 33 cent. ; larg. : 26 cent.

GUILLAUMIN
(ARMAND)

203 — *Le Chemineau.*

Pastel.

Signé à droite, en bas : *Guillaumin.*

Haut. : 22 cent. ; larg. : 30 cent.

GUILLAUMIN
(ARMAND)

204 — *L'Embarcadère.*

Pastel.

Signé à gauche, en bas : *Guillaumin.*

Haut. : 44 cent. ; larg. : 54 cent.

GUILLAUMIN
(ARMAND)

205 — *La Seine à Charenton.*

Pastel.

Signé à gauche, en bas : *Guillaumin, 69.*

Haut.: 26 cent.; larg.: 43 cent.

GUILLAUMIN
(ARMAND)

206 — *Les Champs.*

Pastel.

Signé à gauche, en bas : *Guillaumin.*

Haut.: 31 cent.; larg.: 49 cent.

GUILLAUMIN
(ARMAND)

207 — *La berge à Charenton.*

Pastel.

Signé à droite, en bas : *Guillaumin.*

Haut.: 24 cent.; larg.: 31 cent.

GUILLAUMIN
(ARMAND)

208 — *Meules au soleil.*

Pastel.

Signé à gauche, en bas : *Guillaumin.*

Signé à droite : *Lardy, 8. 87.*

Haut. : 46 cent. ; larg. : 60 cent.

GUILLOUX
(CHARLES)

209 — *Le Bief.*

Aquarelle.

Signé à droite, en bas : *C. Guilloux, 96.*

Haut. : 24 cent. ; larg. : 32 cent. 1/2.

GUYS
(CONSTANTIN)

210 — *Deux femmes.*

Dessin.

Haut. : 22 cent. ; larg. : 16 cent.

HELLEU

211 — *Étude, Trois têtes.*

Pointe sèche.

Haut.: 37 cent.; larg.: 20 cent.

D'HERVILLY
(ERNEST)

212 — *Bois de Boulogne.*

Aquarelle.

Signé à droite, en bas : *Ernest d'Hervilly.*

Haut.: 30 cent.; larg.: 21 cent.

D'HERVILLY
(ERNEST)

213 — *Dunkerque.*

Aquarelle.

Signé à droite, en bas : *Ernest d'Hervilly.*

Haut.: 22 cent.; larg.: 30 cent.

D'HERVILLY
(ERNEST)

214 — *Après l'orage.*

Aquarelle.

Signé à droite, en bas : *d'Hervilly*.

Haut.: 17 cent.; larg.: 24 cent.

D'HERVILLY
(ERNEST)

215 — *Aquarelle.*

Signé à droite, en bas : *d'Hervilly*.

Haut.: 15 cent. 1/2; larg.: 24 cent.

ISABEY
(EUGÈNE)

216 — *Marine.*

Aquarelle.

Haut.: 19 cent.; larg.: 32 cent.

JACQUEMIN
(JEANNE)

217 — *En Judée.*

Pastel.

Signé à gauche, en bas : *Jeanne Jacquemin.*

Haut.: 24 cent.; larg.: 20 cent.

JONGKIND
(J.-BARTHOLD)

218 — *Sainte-Adresse.*

Culbutée dans les vagues, écroulée bloc à bloc, la falaise. A gauche, l'horizon et cinq mâts sans voiles. Tout au loin, une barque.

Signé à droite, en bas : *Sainte-Adresse : Jongkind, 1862.*

Haut.: 23 cent.; larg.: 33 cent.

JONGKIND
(J.-BARTHOLD)

219 — *La Ferme.*

Aquarelle.

Signé à gauche, en bas : *Jongkind.*

Haut.: 26 cent.; larg.: 49 cent.

JONGKIND
(J.-BARTHOLD)

220 — *Coup de vent.*

Aquarelle.

Signé à droite, en bas : *Jongkind.*

Haut. : 15 cent. ; larg. : 23 cent.

LEHEUTRE
(G.)

221 — *Danseuse.*

Dessin.

Signé à droite, en bas : *Leheutre.*

Haut. : 29 cent. ; larg. : 17 cent. 1/2.

LEHEUTRE
(G.)

222 — *La Ballerine.*

Pastel.

Signé à gauche, en bas : *G. Leheutre, 91.*

Panneau. — Haut. : 33 cent. ; larg. : 31 cent.

LEHEUTRE
(G.)

223 — *La Tisane.*

Pastel.

Signé à droite, en bas : *G. Leheutre, 93.*

Panneau. — Haut.: 32 cent.; larg.: 26 cent.

MANET
(ÉDOUARD)

224 — *La Femme à la mantille.*

Avec des noirs crus et des blancs vifs. Comme une mousse, très aérienne, la mantille cadre les cheveux épais retombant en frange sur le front, vers les yeux très noirs et le nez fin.

La bouche est peinte savamment, ni trop, ni trop peu. Un manteau bleu pâle continue la mantille.

Pastel. — Haut.: 44 cent.; larg.: 34 cent.

Timbre de la vente.

MAUFRA
(MAXIME)

225 — *Bas-Meudon.*

Pastel.

Signé à droite, en bas : *Bas-Meudon, Maufra.*

Haut.: 19 cent.; larg.: 22 cent.

MAUFRA
(MAXIME)

226 — *Au large, Cherbourg.*

Aquarelle.

Signé à droite, en bas : *Maufra, 94. Cherbourg.*

Haut.: 24 cent.; larg.: 31 cent.

MAUFRA
(MAXIME)

227 — *Rochers, Marine.*

Aquarelle.

Signé à droite, en bas : *Maufra, 94.*

Haut.: 31 cent ; larg.: 42 cent.

MONNIER
(HENRI)

228 — *Le Juge.*

Aquarelle.

Signé à droite, en bas : *H. M.*

Haut.: 22 cent.; larg.: 14 cent. 1/2.

PISSARRO

(CAMILLE)

229 — *La Gardeuse d'oies, Matin.*

Dans l'irisation qui revêt de vibrante clarté l'eau, les rives, le bois et les coteaux, la gardeuse d'oies surveille la volaille dont le petit groupe glisse à la nacre de l'eau avec des luisances de blanc de perle sur le satin des plumes mouillées.

Signé à gauche, en bas : *C. Pissarro.*

Gouache sur soie. — Haut.: 28 cent.; larg.: 28 cent.

RANFT

(RICHARD)

230 — *Printemps.*

Pastel.

Signé à droite, en bas : *Richard Ranft.*

Haut.: 42 cent.; larg.: 32 cent.

RENOIR

(PIERRE-AUGUSTE)

231 — *Femme à sa toilette.*

Dans le fauteuil rouge, montrant la ligne souple et belle du dos, elle promène, de sa main gauche, quelque linge sur sa jambe. A terre, c'est le tapis à longs poils, la chaude fourrure d'un fauve.

Les chairs pleines, fortes, en valeur sur le fond bleu.

Signé à gauche, en bas : *Renoir.*

Toile. — Haut.: 62 cent.; larg.: 53 cent.

RENOUARD

(PAUL)

232 — *Danseuses.*

Aquarelle et gouache.

Signé à gauche, en bas : Désignation illisible. — *P. Rd.*

Haut.: 50 cent.; larg.: 61 cent.

RIBOT

(THÉODULE)

233 — *La Lecture.*

Vêtue sans élégance, accoudée au bois bruni de la table, une femme lit, soutenant trois feuillets dans sa main droite. Par le corsage entr'ouvert, la tache blanche d'une chemise. Le visage est incliné avec un éclat de lumière au tournant du front, des reflets sur les mèches inférieures d'une abondante chevelure coiffée aux modes d'il y a trente ans.

Signé à droite, en bas : *T. Ribot, 1871.*

Aquarelle. — Haut. : 22 cent. 1/2 ; larg. : 19 cent.

ROUSSEL

(X.)

234 — *Léda.*

Le taillis est complice.

Au tapis des herbes hautes, Léda consent, selon la version mythologique.

La patte du cygne, sur les roseurs de la chair, agrippée comme un éperon d'or...

Signé à gauche : *M.-X. Roussel.*

Pastel. — Haut. : 40 cent. ; larg. : 57 cent.

ROUSSEL

(X.)

235 — *La Pelouse.*

Pastel.

Signé à gauche, en bas : *Roussel.*

Haut. : 18 cent. ; larg. : 48 cent.

ROUSSEL

(X.)

236 — *Idylle.*

Pastel.

Signé à gauche, en bas : *Roussel.*

Haut. : 16 cent. ; larg. : 23 cent.

SAINT-MARCEL

237 — *Fauve.*

Aquarelle.

Signé à gauche, en bas : *S^t. M.*

Haut. : 11 cent. 1/2 ; larg. : 20 cent.

SISLEY

(ALFRED)

238 — *La berge à Moret.*

Fidèlement, à droite, la rivière double la rive et le ciel, ce ciel où le bleu se trie de minces nuées convergeant vers l'horizon de gauche.

Sur l'autre berge, près de nous, un énorme bateau échoué.

Signé à gauche, en bas : *Sisley*.

Pastel. — Haut.: 31 cent.; larg.: 40 cent.

SISLEY

(ALFRED)

239 — *Les Oies.*

Pastel.

Signé à gauche, en bas : *Sisley*.

Toile. — Haut.: 20 cent.; larg.: 24 cent. 1/2.

TOULOUSE-LAUTREC

240 — *Aux provisions.*

Dessin avec crayon bleu.

Signé à gauche, en bas : *T. Lautrec.*

Haut. : 85 cent.; larg. : 66 cent.

WILLETTE
(A.)

241 — *Revenant d'Allemagne, prie ton maître de ne pas me faire faire le pied de grue, ou Béranger me fera encore fourrer dedans.*

Dessin à la plume.

Signé à droite, en bas : *A. Willette.*

Haut. : 32 cent.; larg. : 25 cent.

WILLETTE
(A.)

242 — *Traderidera.*

Dessin au crayon bleu.

Vous aurez beau dire et beau faire, vous ne m'empêcherez pas d'avoir la peau lisse au.... traderidera.

Haut. : 33 cent.; larg. : 23 cent.

YVON
(ADOLPHE)

243 — *Saint Paul et les quatre Évangélistes.*

Dessin.

Signé à droite, en bas : *Ad. Yvon.*

Haut. : 25 cent. ; larg. : 43 cent.

ZANDOMENEGHI

244 — *La Dormeuse.*

Dans l'onde de ses cheveux dénoués, elle s'est endormie sur le coussin vert. Un rideau foncé est un heureux fond pour son profil rose, plein de santé.

La chemise au liséré bleu a glissé. On voit mieux ainsi la poitrine forte où, au rythme de la respiration calme, monte et redescend la petite médaille ronde.

Signé à gauche, en bas : *Zandomeneghi.*

Pastel. — Haut. : 34 cent. ; larg. : 47 cent.

www.ingramcontent.com/pod-product-compliance
Ingram Content Group UK Ltd.
Pitfield, Milton Keynes, MK11 3LW, UK
UKHW021107290826
14628UKWH00014B/951

9 782329 471907